Andreas Boueke

Kaleidoskop Mittelamerika

Reportagen und Informationen aus

Guatemala, Belize, El Salvador, Honduras,
Nicaragua, Costa Rica, Panama

HORLEMANN

Die Deutsche Bibliothek – CIP-Einheitsaufnahme

Boueke, Andreas:
Kaleidoskop Mittelamerika : Reportagen und Informationen aus Guatemala, Belize, El Salvador, Honduras, Nicaragua, Costa Rica, Panama / Andreas Boueke, . Unkel/Rhein ; Bad Honnef : Horlemann 1999
ISBN 3-89502-097-4

Umschlaggestaltung:
Karl Debus, Bonn

Bitte fordern Sie unser aktuelles Gesamtverzeichnis an:
Horlemann Verlag
Postfach 1307
53583 Bad Honnef
Fax (0 22 24) 54 29
e-mail: info@horlemann-verlag.de
http://www.horlemann-verlag.de

Gedruckt in Deutschland

1 2 3 4 5 | 03 02 01 00 99

Inhalt

VORWORT

Das Kaleidoskop als Kinderspielzeug ist aus der Mode gekommen, obwohl die Farben seiner immer neuen Mosaikbilder ihren Glanz nie verlieren. Ein ähnliches Schicksal hat auch Mittelamerika ereilt. Lange Zeit über waren die Länder Nicaragua und El Salvador leuchtende Projektionsflächen der europäischen Linken. Doch die revolutionären Visionen sind heute genauso verstaubt wie das Kaleidoskop in meiner alten Spielzeugkiste im Keller. Überrollt von der Globalisierung und einer raschen Umgestaltung der politischen Weltkarte, ist die Region weitgehend von der Bildfläche deutscher Medien verschwunden. Aber das bunte Mosaik der sieben mittelamerikanischen Länder ist bestehen geblieben.

In diesem Buch möchte ich die kulturelle Vielfalt Mittelamerikas ein Stück weit nachzeichnen. Zu Wort kommen sollen Menschen, die sich sonst nur selten Gehör verschaffen können, Minderheiten ihrer Gesellschaften: Kinder und Kranke, Farbige und Frauen, Homosexuelle und Habenichtse, Maya und Mennoniten.

Nach jeder Reportage finden sich grundlegende Informationen zu jeweils zwei Organisationen, deren Aktivitäten ich für unterstützens-

wert halte. Dabei ist mir eine engagierte Öffentlichkeitsarbeit besonders wichtig. Entwicklungspolitische Organisationen sollten neben der Projektarbeit auch den Blick ihrer Spenderinnen und Spender für die historischen und sozialen Zusammenhänge schärfen, die zu den Notlagen der Menschen in den Projektländern beitragen.

Auch die Personen, die mich während meiner Aufenthalte in Mittelamerika unterstützt haben, bilden ein buntes Mosaik der Kulturen. Eine Liste ihrer Namen würde mehrere Seiten füllen. Viele von ihnen haben dazu beigetragen, daß die Länder Mittelamerikas und insbesondere Guatemala für mich zu einer zweiten Heimat geworden sind. Dankbar bin ich ihnen allen, doch besonders bedanken möchte ich mich bei Magalí Velásquez und ihrer Familie.

Jedes Jahr verbringe ich auch einige Monate in Deutschland. Es wird Zeit, daß ich mal Uwe Pollmann in einem Buch erwähne. Er hat mich seit meinen ersten Zeilen aus Lateinamerika zum Schreiben ermutigt. Vielen Dank auch an Beate Horlemann und Michael Adrian, die eine engagierte Verlagsarbeit leisten; an die MitarbeiterInnen des Dritte Welt Hauses Bielefeld, deren Ideen und Ratschläge sehr hilfreich für mich sind; und an meine Eltern, die mir immer unterstützend und liebevoll zur Seite stehen. Ihnen möchte ich dieses Buch widmen:

meinen Eltern

Andreas Boueke
Guatemala-Stadt, August 1999

KOMMENTAR

Als ich im November 1998 gerade aus Mittelamerika nach Deutschland zurückgekehrt war, habe ich erstaunt verfolgt, mit welch dramatischer Inbrunst die Medien über die Auswirkungen des Hurrikan Mitch berichteten. Warum das plötzliche Mitleid mit den Opfern? Meist sind uns die Tragödien in Übersee doch ziemlich egal. Zum Beispiel sind die Massaker an der guatemaltekischen Mayabevölkerung während des bis vor kurzem andauernden Bürgerkriegs relativ unbeachtet geblieben. Oder die Schuldenkrise in Nicaragua und Honduras: Seit Jahren sterben täglich Menschen, weil die Regierungen Zinsen zahlen müssen, anstatt Gesundheitsstationen zu bauen.

Warum bloß hat es dieser Sturm geschafft, das Mitleid der Weltöffentlichkeit aufzuwirbeln? In Guatemala habe ich den Hurrikan Mitch so erlebt, wie ich auch Hochwasser am Rhein erlebe – als Fernsehzuschauer, obwohl fünfhundert Meter von meiner Wohnung entfernt einige Hütten der Ärmsten der Armen unter Schlammlawinen begraben wurden. Das Leid der Betroffenen ist furchtbar. Doch in Mittelamerika ist der Anblick von Leid eine Alltagserscheinung. Hunderttausende Saisonarbeiter können ihre Familien nicht ausreichend ernähren, weil sie bei der Ernte von Kaffee, Zuckerrohr oder Tabak für den Export nur Hungerlöhne bekommen. Nicht selten sterben ihre Kinder an Magenerkrankungen oder Masern. Doch in den Jahren vor Hurrikan Mitch hat sich hierzulande fast niemand für Statistiken über die zunehmende Kindersterblichkeit in Nicaragua interessiert – und wenige Wochen nach ihm auch nicht mehr. In wohl jeder deutschen Tageszeitung sind Zahlen über die Todesopfer des Sturms veröffentlicht worden. Aber bei den Opfern des Pestizideinsatzes auf Bananenplantagen zählt niemand mit.

Durch die Berichterstattung konnte der Eindruck entstehen, als sei vor allem die Natur Schuld am Elend in Mittelamerika. Daß der Kohlendioxydausstoß in den Industrieländern wahrscheinlich in direktem Zusammenhang steht mit der Zunahme von Wirbelstürmen in armen Ländern des Südens, wird nur selten erwähnt.

So eine Naturkatastrophe ist praktisch. Da kann man konkret helfen: Spenden, Schuldenerlaß und Hilfskonvois. Die sind richtig und wichtig. Doch Hurrikan Mitch hat notwendige Diskussionen über bestehende Welthandelsstrukturen, neue Entwicklungsstrategien und die Lebensbedingungen gesellschaftlicher Minderheiten einfach weggepustet. Zu hoffen bleibt, daß durch die kurzzeitige Aufmerksamkeit ein wenig Bewußtsein entstanden ist, das über das Mitleid und die karitative Hilfe hinausgeht.

MITTELAMERIKA

Fläche:	**523.865 km²**
zum Vergleich Deutschland:	**356.755 km²**
Bevölkerung:	**ca. 32 Millionen Einwohner**
Stadtbevölkerung:	**ca. 49 %**
Landbevölkerung:	**ca. 51 %**
indigene Bevölkerung:	**ca. 22%**

Die Nachbarn im Norden und Süden sehen in Mittelamerika meist nicht viel mehr als eine Brücke, die den amerikanischen Kontinent zusammenhält. Im Grunde genommen ist die Region während der vergangenen fünf Jahrhunderte relativ unbeachtet geblieben. So konnten immer neue Eindringlinge ihr Unwesen treiben, ohne daß die Weltöffentlichkeit Notiz davon nahm. Den Reigen begannen die Spanier, deren blutrünstiger Feldherr Pedro de Alvarado bis heute als Symbolfigur für die grausame Unterdrückung der vorkolonialen Bevölkerung gilt. An der Seite von Alvarados Schwert fiel das Kreuz in Mittelamerika ein, getragen von katholischen Priestern, die in ihrem missionarischen Eifer die christliche Tugend der Nächstenliebe vergaßen.

Die spanischen Eroberer plünderten und zerstörten die vorgefundenen Hochkulturen im Norden und Westen. Die indigene Bevölkerung wurde durch eingeschleppte Krankheiten, Zwangsarbeit und Sklavenhandel mit den Kolonialherren der südamerikanischen Andenregion stark dezimiert. Heute stellen nur noch die Maya in Guatemala eine indigene Bevölkerungsmehrheit. Doch die meisten der authentisch anmutenden Mayadörfer im Hochland Guatemalas sind ursprünglich Zwangsansiedlungen, die von den Spaniern angelegt wurden, um die Bewohner besser kontrollieren zu können. Meist waren Kirchen die ersten Gebäude, die errichtet wurden.

Die Urbevölkerung im heutigen Costa Rica ist schon zu Beginn der Kolonialzeit weitgehend ausgerottet oder verdrängt worden. In El Salvador, Nicaragua und Panama hingegen haben sich weiße Siedler und indigene Völker stark vermischt. In allen sieben mittelamerikanischen Staaten bestimmen Rasse und Abstammung die soziale Hierarchie. Die direkten Nachkommen europäischer Einwanderer verfügen über die größte wirtschaftliche und politische Macht.

Auf die Spanier folgte eine bunte Horde von Abenteurern, Piraten, Sklaventreibern und Holzfällern. Sie kamen aus allen Teilen Europas und suchten in Mittelamerika nach dem Wohlstand, der ihnen daheim versagt geblieben war. Einige fanden die Erfüllung ihrer Träume im Anbau und Export von Kaffee. Im Zuge des Kaffeebooms raubten die kolonialen Eliten und die neuen Einwanderer gewaltsam die fruchtbarsten Landstücke der indigenen Gemeinschaften und der armer Kleinbauern. Von nun an lebten viele der bisherigen Bewohner des Landes in sklavenähnlichen Verhältnissen zu den Großgrundbesitzern. Mit europäischem und US-amerikanischem Kapital wurden Eisenbahnlinien, Häfen und Elektrizitätswerke gebaut.

Zu Beginn des zwanzigsten Jahrhunderts ebnete die Landkonzentration in den Händen einiger weniger den Weg für den Siegeszug der großen Konzerne, angeführt von der legendären United Fruit Company. Neben riesigen Bananenplantagen wuchsen auch Zuckerrohr- und Baumwollfelder. Große Urwaldgebiete wurden abgeholzt, um Weideflächen für Rinderherden zu schaffen. Zu einer Entwicklung durch Industrialisierung wie in anderen lateinamerikanischen Ländern kam es nicht. Auf die Forderungen der schwachen Bauern- und Gewerkschaftsbewegungen nach sozialen Mindeststandards reagierte die von der wirtschaftlichen Elite kontrollierte Armee mit brutaler Gewalt. Während der dreißiger Jahre entstanden in allen mittelamerikanischen Ländern – mit Ausnahme von Costa Rica – autoritäre Regime.

Als Mitte der vierziger Jahre die Gegner der Diktatur in Honduras und Guatemala erfolgreich einen Demokratisierungsprozeß einleiteten, sahen die USA ihre Wirtschaftsinteressen gefährdet. Sie unterstützten die militante Opposition. Die Konfrontation mündete in der Einrichtung US-höriger Militärregime in der gesamten Region – wieder abgesehen von Costa Rica. Drei Jahrzehnte lang wurden die Demokraten systematisch von der Macht ferngehalten und so in die Radikalisierung getrieben.

In den sechziger und siebziger Jahren nahmen Guerillaverbände in Nicaragua, Guatemala und El Salvador den bewaffneten Kampf auf. Doch nur den Sandinisten in Nicaragua gelang 1979 die Machtübernahme. El Salvador und Guatemala erlebten Anfang der achtziger Jahre eine schonungslose Strategie der Aufstandsbekämpfung durch die Militärs. Die USA trugen zur Ausweitung der Konflikte bei. Unter Präsident Ronald Reagan, der die Bürgerkriege in Mittelamerika als Teil des Ost-West Konflikts interpretierte, unterstützte die Washingtoner Regierung die Regime in El Salvador und Guatemala mit finanziellen Zuwendungen, deren Summe zeitweise die des Staatshaushalts von El Salvadors überstieg. In Nicaragua finanzierten die USA den konterrevolutionären Krieg der Contras. Durch die Militarisierung der Region wurden der wirtschaftlichen Entwicklung wichtige Ressourcen entzogen.

Ein Element der US-Strategie im Kampf gegen die vermeintliche Ausbreitung des Weltkommunismus in Mittelamerika war die Unterstützung einer neuen Generation eifernder Missionare, die den „american way of life" priesen und zum Gehorsam gegenüber den weltlichen Autoritäten aufriefen. Heute, da der Kalte Krieg ausgestanden ist, sind die lärmenden Predigten von evangelikalen Pfarrern noch immer bis in die abgelegensten Weiler hinein zu hören, verstärkt durch überdimensionale Lautsprecher.

Schließlich übernahmen die Regierungen der mittelamerikanischen Staaten im Jahr 1983 selbst eine aktive Rolle im Friedensprozeß. Im Abkommen von Esquipulas einigten sie sich auf Wirtschaftsreformen, einen Abbau der Militarisierung und einen Prozeß der Demokratisierung, wodurch die Weichen für eine Reintegration der Widerstandskämpfer ins gesellschaftliche Alltagsleben gestellt wurden.

Die Wahlniederlage der Sandinisten in Nicaragua im Jahr 1990 bedeutete einen Wendepunkt im Konfliktgeschehen. Nach der Regierungsübernahme der siegreichen Opposition wurden die Militärverbände der Contras aufgelöst. Auch in El Salvador einigten sich Regierung und Guerillaführung 1992 auf ein Friedensabkommen. In Guatemala wurde der Krieg offiziell im Dezember 1996 beendet.

Heute bemühen sich die mittelamerikanischen Regierungen wieder um einen wirtschaftlichen Integrationsprozeß. Seit dem vorigen Jahrhundert hat es viele wenig erfolgreiche Versuche der Wiedervereinigung gegeben. 1821 waren Guatemala, Honduras, El Salvador, Nicaragua und Costa Rica gemeinsam in die Unabhängigkeit gegangen, doch schon nach wenigen Jahren löste sich die damalige Föderation auf. Panama wurde erst 1903 unabhängig, als die USA für den Bau des Panamakanals seine Abspaltung von Kolumbien bewirkten. Belize war bis 1981 eine britische Kolonie.

Jetzt wollen die Länder der Region nach dem Vorbild der Europäischen Union wirtschaftlich und politisch zusammenrücken, um angesichts der Globalisierung des Wirtschaftsgeschehens gemeinsam zu bestehen. Doch von der Liberalisierung des Handels der mittelamerikanischen Staaten untereinander profitieren vor allem kapitalstarke Unternehmen und Besitzer großer Plantagen, während sich Kleinbetriebe und lokale Märkte mit neuen Konkurrenten konfrontiert sehen.

Anders als in Europa steht das Problem der Arbeitslosigkeit nicht besonders hoch auf der Prioritätenliste der mittelamerikanischen Politik. Die Not der Landbevölkerung und die daraus resultierende

Landflucht führen dazu, daß die Städte stetig wachsen, ohne den Neuankömmlingen ausreichende Einkommensmöglichkeiten zu bieten. Urbane Zentren wie Managua, San Pedro Sula, Guatemala-Stadt oder Colón vermitteln nicht gerade den Eindruck sozialer Sicherheit, doch sie beherbergen die gesellschaftlichen Eliten, die Banken und die Führungsriegen der Militärs. Die Städte kontrollieren das Land, doch anstatt es mit industriell hergestellten Gütern zu versorgen, beuten sie seine natürlichen Rohstoffe und landwirtschaftlichen Erzeugnisse aus und streichen die Profite auf dem Weltmarkt ein. Die reichen Mittelamerikaner bevorzugen einen westlich geprägten Lebensstil mit modernen Autos, bewachten Wohngegenden und Fernsehprogrammen aus den USA. Doch die meisten der Stadtbewohner leben in elenden Verhältnissen ohne adäquate Gesundheitsversorgung und Ausbildungsmöglichkeiten.

Der informelle Sektor ist die Überlebensbasis zahlloser Straßenverkäufer und Handwerker. Einige Bewohner der Armenviertel suchen sich während der Erntesaison Arbeit auf den Plantagen. Gleichzeitig schicken viele Familien vom Land ihre Kinder zur Arbeit in die Stadt. Zehntausende Minderjährige finden eine Anstellung in den Haushalten der Reichen. An Sonntagnachmittagen trifft man Massen dieser Dienstmädchen auf den Straßen und Plätzen der Hauptstädte, wo sie ihre wenigen freien Stunden der Woche genießen.

Das Ende der Bürgerkriege und die langsamen Demokratisierungsschritte haben bisher wenig zur Veränderung der Machtverhältnisse und zur Entschärfung der sozialen Spannungen in der Region beigetragen. Heute ist die Gewalt in Mittelamerika nicht mehr revolutionär oder konterrevolutionär, sondern geht von kriminellen Banden aus, die mit Entführungen und Drogenhandel die Titelseiten der Zeitungen erobern. Die Mächtigen verteidigen wie eh und je gewaltsam ihre Interessen: Landlose Bauern, die sich entschließen, brachliegendes Land zu besetzen, werden vertrieben; Straßenkinder, die angeblich die Sicherheit der Passanten gefährden, werden eingeschüchtert oder gar ermordet. Die durch die Friedensabkommen geweckten Hoffnungen auf soziale Gerechtigkeit sind weitgehend verblaßt. Die Visionen der großen, gesamtgesellschaftlichen Veränderungen haben ihre Überzeugungskraft verloren. Soziale Bewegung findet heute im Kleinen statt, dort, wo Angehörige ethnischer Volksgruppen ihre gemeinsame kulturelle Identität stärken, wo arbeitende Kinder ihre Rechte einfordern, wo sich engagierte Frauen zusammenschließen.

* Der „Index der menschlichen Entwicklung" (Human Development Index, HDI) wurde 1990 vom Entwicklungsprogramm der Vereinten Nationen (UNDP) zum erstenmal vorgestellt. Seitdem hat er in der entwicklungspolitischen Diskussion die rein ökonomische Einstufung von Ländern nach ihrem Pro-Kopf-Einkommen weitgehend abgelöst. Er setzt sich zusammen aus den Faktoren Lebenserwartung, Alphabetisierungsrate, Einschulungsquoten sowie einem gewichteten Bruttoinlandsprodukt. Der Index hat jedoch keinerlei Aussagekraft über soziale Unterschiede *innerhalb* eines Landes.
Quelle: Bericht über die menschliche Entwicklung, UNDP 1999.

GUATEMALA

Fläche:	**108.889 km²**
Bevölkerung:	**ca. 11.000.000 Einwohner**
Hauptstadt:	**Guatemala-Stadt (ca. 2.000.000 Einwohner)**
weitere Städte:	**Quezaltenango (120.000), Escuintla (90.000), Cobán (65.000)**
Währung:	**Quetzal**
Pro-Kopf-Einkommen:	**1100 US-Dollar/Jahr**
Index der menschlichen Entwicklung:	**Platz 117**

Fast zwei Drittel der Bevölkerung Guatemalas sind Angehörige eines Mayavolkes, Nachkommen der Menschen, deren kulturelle Entwicklung vor rund viertausend Jahren begann und im zehnten Jahrhundert ihren klassischen Höhepunkt erreichte. Während die Kulturen Europas im dunklen Mittelalter stagnierten, erlebten die Völker der Maya mit ihren Hochburgen im heutigen Petén, in Yucatán und im Hochland Guatemalas eine rasante Entwicklung mit beeindruckenden wissenschaftlichen Erkenntnissen in den Bereichen der Astronomie und der Architektur. Bisher hat die Archäologie nicht klären können, weshalb die Maya ihre wichtigsten Städte und kulturellen Zentren vor rund tausend Jahren verlassen haben. Verschiedene Theorien spekulieren über Naturkatastrophen oder Hungersnöte.

Im Jahr 1523 stattete der spanische Eroberer Mexikos, Hernán Cortés, seinen skrupellosen Mitstreiter Pedro de Alvarado für einen Feldzug zur Eroberung des heutigen guatemaltekischen Hochlands aus. In einer entscheidenden Schlacht besiegten siebenhundert Spanier mit Pferden und Gewehren eine Armee von dreißigtausend Maya-K'iche's unter der Führung des legendären Mayahelden Tecún Umán. In den folgenden Jahren erlebten die Maya eine gnadenlose Ausbeutung der enttäuschten Eroberer, die in Mittelamerika nicht die erhofften Silber- und Goldschätze vorfanden wie Cortés in Mexiko oder Pizarro in den Anden.

Obwohl die Zahl der Mischlinge und der in Mittelamerika geborenen Spanier mit der Zeit deutlich zunahm, ließ die spanische Krone ihre Macht und ihren Reichtum in den lateinamerikanischen Kolonien ausschließlich von Personen verwalten, die in Spanien geboren waren. Das gesamte achtzehnte Jahrhundert hindurch wurden alle Bemühungen um eine Veränderung dieser Machtverhältnisse durch den Konflikt zwischen spanientreuen, katholischen Konservativen und säkularen Liberalen zunichte gemacht. Erst Ereignisse in Europa – der Sieg Napoleons über Spanien – machten den Weg frei für die Liberalen. Am 15. September 1821 erklärt Mittelamerika seine Unabhängigkeit.

Fünfzig Jahre später, 1872, putschte sich der selbstherrliche Reformer Rufino Barrios in Guatemala an die Macht. Unter seiner Herrschaft bauten deutsche Einwanderer im guatemaltekischen Hochland

riesige Kaffeeplantagen auf, deren Produktion bald einen Großteil der Exporteinnahmen ausmachte. Als Ergebnis des Kaffeebooms verloren viele Mayagemeinden große Teile ihres Grund und Bodens. Anstatt gemeinschaftlich ihre Äcker zu bewirtschaften, mußten sie jetzt Zwangsarbeit auf den neuen Fincas der Kolonialherren leisten.

Ab 1901 begann der Siegeszug einer neuen Macht in Guatemala – der United Fruit Company. Der US-amerikanische Früchtekonzern übernahm innerhalb weniger Jahre die Kontrolle über nahezu das gesamte Transportwesen des Landes. Der seit 1930 regierende Diktator Jorge Ubico förderte die rasche Expansion des Konzerns. Doch nach vierzehn Jahren Tyrannei mußte Ubico den Protesten von Geschäftsleuten, Studenten und jungen Militärs nachgeben und das Land verlassen. Dieser Sieg der Opposition ist als „Revolution von 1944" in die guatemaltekischen Geschichtsbücher eingegangen.

1945 wurde der Lehrer Juan José Arevalo zum Präsidenten gewählt. Während seiner Legislaturperiode machten die Ausgaben für Sozialprogramme ein Drittel des Staatshaushalts aus. Arevalos Nachfolger, Jacobo Arbenz, ging noch energischer vor. Er wollte die feudalen Strukturen der Gesellschaft verändern und Guatemala in einen modernen, unabhängigen, kapitalistischen Staat verwandeln. Doch die von ihm begonnene Landreform führte zu einem offenen Konflikt mit der weiterhin mächtigen United Fruit Company, die ihn in den USA als Kommunisten diffamierte. Daraufhin begann der US-amerikanische Geheimdienst CIA mit Vorbereitungen für den Sturz der Regierung Arbenz. Nach der erfolgreichen Invasion einer Söldnertruppe aus Honduras im Jahr 1954 mußte Arbenz das Land verlassen. Damit kam der zehn Jahre andauernde Versuch, die Macht des Auslands über die internen Angelegenheiten Guatemalas zu beenden, zu einem abrupten Ende.

Im Laufe der nächsten vierzig Jahre wurde Guatemala meist von Militärs regiert. In den sechziger Jahren begannen die ersten Aktivitäten von Guerillagruppen, die die Bevölkerung zum bewaffneten Widerstand aufriefen. Die Armee reagierte mit brutalen Aufstandsbekämpfungsmaßnahmen. Während der Regierungszeiten der Generäle Lucas García und Rios Montt starben Zehntausende Angehörige der Zivilbevölkerung.

Erst 1985 wurden wieder freie, demokratische Wahlen durchgeführt, die der christdemokratische Kandidat Vinicio Cerezo gewann. Das bedeutete jedoch nicht das Ende der Macht der Militärs. Cerezo selbst erklärte noch während seiner Regierungszeit, die Armee bestimme 75 Prozent der politischen Entscheidungen im Land.

1990 übernahm der nächste Zivilist, Jorge Serrano Eliás, die Präsidentschaft. Zwei Jahre später schien die demokratische Entwicklung ihren Endpunkt erreicht zu haben. Aus Furcht vor einem Militärputsch und um seine korrupten Machenschaften im Verborgenen zu halten, setzte Serrano die Verfassung außer Kraft und gab sich selbst diktatorische Machtbefugnisse. Zahlreiche Organisationen der Bürgerbewegung, die US-Regierung und Teile der Armeeführung stellten sich gegen Serrano, so daß er nach wenigen Tagen ins Exil nach Panama fliehen mußte.

Im Dezember 1996 unterzeichneten Vertreter der Regierung des Präsidenten Alvaro Arzú und der Guerillaführung einen Friedensvertrag. Seither hat die politische Gewalt im Land deutlich abgenommen, die Kriminalitätsrate jedoch steigt täglich. Das Thema Verbrechensbekämpfung bestimmt die Titelseiten der Presse, während die unveränderte soziale Not großer Teile der Mayabevölkerung weiterhin relativ unbeachtet bleibt.

Eine Zukunft für die Maismenschen

Die Renaissance der Mayakultur

Seit es dunkel geworden war, saß Ixquik an der Seite ihrer Mutter und schaute zu, wie sie bei Kerzenlicht bunte Symbole auf ein rotes Tuch stickte. „Mama, was bedeuten die kleinen Kreuze und die Sterne?" fragte Ixquik. „Ay, mi niña", Ixquik mochte es, wenn ihre Mutter sie „mein Mädchen" nannte. „Das mit den Kreuzen, das ist eine lange Geschichte, und die Sterne, die kannst du am Himmel sehen. Laß uns jetzt nicht darüber sprechen. Es ist schon spät."

„Aber wann erzählst du mir die Geschichte von den Kreuzen?"

„Bald werde ich sie dir erzählen. Vielleicht schon morgen."

Ixquik blies die Kerze aus. Dann spürte sie noch die warmen Lippen ihrer Mutter auf der Wange, bevor sie in das große Bett aus Holzlatten kroch, in dem ihr Zwillingsbruder Kanek und die vier älteren Geschwister schon schliefen. Vorsichtig kuschelte sie sich an Kaneks Rücken und war zufrieden, als er sie bemerkte, denn nichts war ihr lieber als seine Aufmerksamkeit.

Tod eines Mayajungen

Ein leichter Wind blies durch die Ritzen des Dachs. Ixquik war schon fast eingeschlafen, als die kleine Ana zu weinen begann. Im Dunkeln erhob sich eine Silhouette vom Bett der Eltern. Lautlos beugte sich die Mutter über Ana und hob sie an ihre Brust. Das Baby war aufgewacht, weil draußen Männer miteinander sprachen. Sie standen etwa zwei Meter von Ixquiks Kopf entfernt, getrennt nur durch eine dünne Wand aus Backsteinen und rissigem Zement. Ixquik hörte, wie einer der Männer sagte: „Ihr bleibt hier. Wartet auf das Signal!"

Jetzt stand auch Ixquiks Vater auf, ging zur Wand und horchte.

„Was ist los, Jorge?" fragte die Mutter.

„Nichts, Frau. Geh zurück ins Bett."

Auch er legte sich wieder hin, konnte aber nicht mehr einschlafen.

Wenige Stunden später war die ganze Familie wach. Es war Erntezeit, und noch bevor die ersten Sonnenstrahlen am Horizont glänzten, begann die Mutter, das Frühstück zuzubereiten. Ixquik lag noch im Bett. Sie blinzelte zu ihrer Mutter hinüber, die neben der kalten Feuerstelle kniete und Kugeln aus Maisteig formte. Behutsam rollte sie die gelbe Masse zwischen ihren Handflächen. Dann klatschte sie die Hände plötzlich heftig aufeinander und breitete die so entstandenen kreisrunden Tortillas auf einem Rost über der Feuerstelle aus. Ixquik schloß die Augen und dachte daran, daß sie den ganzen Tag über frei haben würde. Sie würde nicht arbeiten müssen, und anstatt auf dem Feld Kaffeekirschen zu pflükken, würde sie mit Kanek spielen – von morgens bis abends. Es war ja ihr zehnter Geburtstag – und wer in der Familie Tec Izep Geburtstag hatte, der wurde verwöhnt.

Auch Ixquiks Zwillingsbruder Kanek lag noch im Bett. An seinem Geburtstag wollte er als letzter aufstehen. Seine Brüder Jaime und Armando saßen schon auf der Bettkante. Armando, der älteste, säuberte seine Fingernägel mit einer rostigen Schraube. Jaime starrte schlaftrunken auf einen daumengroßen Käfer, der behäbig über die dunkle Erde des Fußbodens kroch.

Der kleine Raum der Familie Tec Izep war Teil einer Halle aus nackten Steinen, in der siebzehn Plantagenarbeiter mit ihren Frauen und Kindern untergebracht waren. Zwischen den Familien in der Halle standen Wände aus zusammengebundenem Zuckerrohr oder dürren Ästen der Pinienwälder. Unter den Wellblechplatten des Dachs hingen zahllose Plastikplanen jeglicher Größe, die die Familienväter zu Beginn der Regenzeit aufgehängt hatten, um die Betten der Kinder einigermaßen trocken zu halten. Jetzt, da sich der Regen aus dem Tagesablauf verabschiedet hatte, waren sie nutzlos geworden. Seit

Wochen hatte kein einziger Wassertropfen mehr seinen Weg durch die Ritzen der rostigen Decke genommen – dafür aber krabelte eine Vielfalt schwarzen Ungeziefers hinein, ohne sich von den blauen Plastikplanen aufhalten zu lassen.

„Buenos dias mi niña. Hast du gut geschlafen?" fragte die Mutter. Ixquik rieb sich die Augen und antwortete: „Guten Morgen Mama. Ja, sehr gut."

Die Männerstimmen der Nacht hatte sie längst vergessen.

„Wo ist Papa?"

Der Vater war verschwunden.

„Er kommt sicher gleich wieder. Zieh dir doch schon mal ein anderes Hemd..."

...die Tür schlug auf. Plötzlich stand der Vater mitten im Zimmer. Er war bleich vor Schreck.

„Hört alle her! Wir müssen weg. Zieht euch sofort an. Nehmt nur ein paar Sachen mit. Beeilt euch!"

Die kleine Ana fing wieder an zu weinen.

„Was denn, Papa?" fragte Armando erschrocken.

„Frag nicht, mein Junge. Pack ein paar Sachen und lauf zum Wasserfall. Wir müssen weg!"

„Aber wir kommen doch gleich wieder?" fragte Ixquik und griff sich zwei Tortillas. Der Vater achtete nicht auf sie. Er wickelte die heulende Ana in ein Tuch und half seiner Frau, sich das Kind vor die Brust zu binden...

...ein Trompetensignal. Noch bevor der schrille Ton verhallt war, fielen die ersten Schüsse.

Ixquik wollte unters Bett kriechen, doch ihr Vater riß die Tür auf und schrie: „Lauft, lauft zum Wasserfall!"

Ixquik ließ die Tortillas fallen und rannte los. Sie rannte durch die Panik im Gebäude: Männer verriegelten Türen, Kinder schrien, ein dreibeiniger Hund stolperte im Zickzack durch die Gänge. Ixquik rannte.

Der Platz vor dem Gebäude war leer. Die Rebellen hatten sich hinter Mauern und Bäumen verschanzt. Sie schossen auf Wachposten, die auf der Veranda des Verwaltungsgebäudes der Finca standen. Ixquik kümmerte sich nicht um die Kugeln, die neben ihr in den Boden schlugen. Sie rannte hinter Kanek am Brunnen vorbei über den Platz in Richtung Wald. Plötzlich rief eine Stimme: „Bleibt stehen! Nicht weiter. Bleibt stehen!"

Es war Rafael, Ixquiks Cousin. Gestern abend noch hatte sie mit ihm Ball gespielt. Jetzt stand er da, verschanzt hinter einer Mauer, einen olivgrünen Anzug am Körper, ein Gewehr im Anschlag.

Ein Gewehr! Wieso hatte Rafael ein Gewehr?

„Kommt her!" rief er. „Ixquik! Kanek! Kommt her!"

Ixquik lief zu ihm, aber Kanek hörte nicht. Er rannte weiter in Richtung Wald. Er rannte. Ixquik sah, wie er rannte. Er rannte... bis er stürzte, getroffen. Kein einziges Zucken, er war sofort tot.

Eine Farm in den Bergen

In den Bergen Guatemalas, dem bevölkerungsreichsten Land Mittelamerikas, liegt eine Farm, die den Namen des katholischen Heiligen Franz von Assisi trägt. Die Finca San Franzisco wurde im Jahr 1982 von einem Kommando der linksgerichteten Guerilla überfallen. Die Rebellen töteten den Gutsverwalter und später auch ihren Besitzer, Enrique Brol, Sohn italienischer Einwanderer.

Bei den Aktionen der Guerilla kamen häufig auch unbeteiligte Zivilisten um – so wie der kleine Mayajunge Kanek. Die meisten Menschen, die im Hochland Guatemalas leben, sind Angehörige der Mayabevölkerung. Während des 36 Jahre andauernden Bürgerkriegs lebten und starben die Maya zwischen den Fronten zweier Ideologien, häufig ohne zu wissen, worum gekämpft wurde. Die Guerilla wollte die Machtverhältnisse im Land von Grund auf verändern, während die Armee den Status Quo verteidigte. 16 Jahre nach dem Überfall existiert die Finca San Francisco noch immer. An den ärmlichen Lebensbedingungen ihrer Bewohner hat sich wenig geändert.

Seit der Kolonisierung durch die Spanier werden die Maya von den Machthabern in Guatemala diskriminiert. Die verschiedenen Militärregime der vergangenen hundert Jahre kümmerten sich nur wenig um ihre elenden Lebensumstände. Erst als Anfang der siebziger Jahre verschiedene Guerillagruppen den bewaffneten Kampf gegen die Ausbeutung organisierten, begann die Armee sich einzumischen. Jegliche vermeintliche oder wirkliche Unterstützung der Rebellen wurde bestraft.

Die meisten Kämpfer der Guerilla in den Wäldern der Berge waren junge Maya – Männer und Frauen, die die Unterdrückung nicht mehr hinnehmen wollten. Die Stadtguerilla rekrutierte sich vor allem aus Studenten und Gewerkschaftsaktivisten. Ein Großteil der Mayabevölkerung aber war zu sehr damit beschäftigt, das eigene Überleben zu sichern, als daß sie eine aktive Rolle im bewaffneten Kampf hätte übernehmen können. Die Armee reagierte mit brutaler Gewalt auf die Aktivitäten der Guerilla. Die Generäle begründeten ihr skrupelloses Vorgehen mit einer Doktrin der nationalen Sicherheit. Die Jahre 1982 und '83 gingen als „Epoche der verbrannten Erde" in die guatemaltekische Geschichte ein. Über 400 Mayadörfer wurden zerstört und viele ihrer Bewohner massakriert.

Auch der Überfall der Guerilla auf die Finca San Francisco blieb nicht ohne Antwort der Armee. Einige Wochen später kamen Soldaten auf die Farm und richteten ein Blutbad an – unter den Arbeitern, ihren Frauen und Kindern. Die Opfer des Massakers waren alle Angehörige der Mayavölker K'iche' und Ixil.

Der Kaffeepflücker Diego erinnert sich an das blutige Geschehen: „Die Soldaten kamen an einem Sonntag, dem Markttag. Der zentrale Platz der Finca war voller Menschen. Als die Soldaten begannen, auf uns zu schießen, bekamen wir große Angst. Damals kannten wir solche Gewalt noch nicht. Ich dachte, sie würden uns alle umbringen. Viele Leute versuchten zu fliehen, aber die Soldaten schossen auf jeden, der davonlaufen wollte. Einige von uns haben überlebt. Das ist halt Schicksal: Wem die Stunde schlägt, der stirbt."

Die Grundmauern der niedergebrannten Hacienda geben noch heute Zeugnis von den Kämpfen der achtziger Jahre. Keine 500 Meter entfernt von den Ruinen des Verwaltungsgebäudes der Finca San Franzisco stehen Baracken, die sich nur wenig von den Unterkünften der Mayasklaven im siebzehnten Jahrhundert unterscheiden: Achtköpfige Familien leben auf zehn Quadratmetern nacktem Erdboden, umgeben von maroden Lehmwänden. Es gibt keine Latrinen, keine sauberen Kochgelegenheiten.

Für die Maya in der Umgebung der Finca gibt es nur wenige Einkommensmöglichkeiten. Entweder sie verlassen ihre Gemeinden und ziehen während der Erntesaison auf die großen Zuckerplantagen der Pazifikküste, wo sie bis zu zehn Mark am Tag verdienen können, oder sie bleiben in den Bergen und arbeiten auf den Fincas. Dort verdienen sie selten mehr als vier Mark.

Die ungleiche Landverteilung ist eines der gravierendsten Probleme der guatemaltekischen Gesellschaft. Zwei Prozent der Bevölkerung verfügen über vier Fünftel der landwirtschaftlich nutzbaren Fläche, während sich die meisten landlosen Bauern als Saisonarbeiter verdingen müssen. Die reichen Großgrundbesitzer sind ausnahmslos Weiße, die sich kulturell an Europa und den USA orientieren. Die Landkonzentration in den Händen weniger ist in vielen Fällen durch Landraub und politische Zwangsmaßnahmen zustande gekommen.

In der Vergangenheit wurden ganze Mayagemeinden enteignet. Mitte des neunzehnten Jahrhunderts erließ die guatemaltekische Regierung ein Gesetz, das die Registrierung von Grundbesitz vorsah. Die Vermessungskosten mußten von den Eigentümern erstattet werden. Viele Maya konnten weder das Gesetz lesen, noch hatten sie das Geld für die Vermessung.

Die Durchführung einer umfassenden Landreform war jahrzehntelang eine der Hauptforderungen der Guerilla. Trotzdem haben sich die Lebensbedingungen der Saisonarbeiter auf der Finca San Francisco kaum verändert. Alberto Coylu, ein jüngerer Arbeiter, ist enttäuscht darüber, daß seine Kollegen keinen Widerstand leisten. „Die Situation hier ist schlecht", sagt er. „Wir leben im Elend. Nichts wird besser. Wir müßten uns organisieren, aber die Leute wollen nicht. Sie tun nur das, was die Aufseher sagen. Von allein machen sie gar nichts, sie denken nicht nach. Ich meine, wir müßten uns wehren. Das Volk müßte aufstehen und streiken."

Don Eulogio, ein alter Mann mit vielen Jahrzehnten Erfahrung auf der Finca, kann den Zorn seines jungen Kollegen gut verstehen. Er weiß aber auch, welch hohen Preis der Kampf um Veränderung kosten kann. Während der 36 Jahre Bürgerkrieg in Guatemala verloren über hunderttausend Menschen ihr Leben. Rund eine Millionen mußten aus ihrer Heimat fliehen. Die meisten Opfer waren Angehörige eines Mayavolks. Don Eulogio erinnert sich: „Viele Menschen haben ihr Leben verloren, weil sie Gerechtigkeit wollten, weil sie in Frieden leben wollten. Sie haben gegen die Diskriminierung der armen Mayabevölkerung gekämpft, für eine Unterstützung der Witwen und der Kinder, gegen das Elend. Das war der Krieg."

Erbe der Gewalt

Am 29. Dezember 1996 haben Vertreter der guatemaltekischen Regierung und der Guerillaführung die Schlußakte einer Reihe von Friedensabkommen unterschrieben. Obwohl kein einziger Vertreter der Maya am Verhandlungstisch saß, geht der Vertragstext ausführlich auf deren Belange ein. Doch die Betrachtung der sozialen Realität Guatemalas wirkt noch immer ernüchternd. Große Teile der Mayabevölkerung haben keinen Zugang zu grundlegender Gesundheitsversorgung. Schätzungen internationaler Entwicklungsorganisationen zufolge leben mehr als 70 Prozent der Maya in absoluter Armut und können den täglichen Kalorienbedarf nicht regelmäßig decken. In den Institutionen des Staates ist die Bevölkerungsmehrheit der

Maya deutlich unterrepräsentiert. Die guatemaltekische Friedensnobelpreisträgerin Rigoberta Menchú ist skeptisch, ob die Friedensabkommen auf dem Papier wirklich zu einer Verbesserung des Lebensstandards der Maya führen werden: „Ich glaube nicht, daß der Friedensvertrag die Mayabevölkerung stärkt. Eine Diskussion über die Rolle der Mayabevölkerung ist wichtig, doch jede Diskussion stößt an ihre Grenzen, sobald sie keine praktischen Lösungen produziert. Seit Jahrhunderten wird über die Situation der indigenen Völker diskutiert. Ich befürchte, daß die Maya zu Objekten einer Diskussion von Nicht-Maya werden könnten, ohne daß sich an den diskriminierenden Praktiken etwas ändert."

Rigoberta Menchú stammt selber aus dem Mayavolk der K'iche'. Sie setzt sich seit Jahren für eine Anerkennung der Rechte der indigenen Völker der Welt ein. Dabei bemüht sie sich insbesondere um eine Verbesserung der Lebensbedingungen der Mayabevölkerung in Guatemala. Trotz aller Skepsis bedeutet das Friedensabkommen zwischen Regierung und Guerillaführung auch für Rigoberta Menchú – die jüngste Frau, die je den Friedensnobelpreis erhalten hat – einen wichtigen Schritt in Richtung einer Verbesserung der Lebensbedingungen der Mayabevölkerung in Guatemala. „Ich bin eine realistische Frau und ich weiß, daß die Maya heute und morgen mit der gleichen Hoffnung daran arbeiten müssen, die interkullturelle Zukunft zu konstruieren, von der wir träumen. Das fundamentale Problem des Rassismus ist jedoch nicht nur die Diskriminierung – der Glaube, daß ein Maya minderwertig ist. Vielmehr findet sich der Rassismus auch in populistischen Aussagen zur Unterstützung der indigenen Völker. Viele Institutionen haben ihren Diskurs verbessert, aber praktisch hat sich nur wenig geändert."

In den meisten Ländern des amerikanischen Kontinents haben die europäischen Eroberer ihr „Indianerproblem" schon vor langer Zeit gelöst: entweder durch die Ausrottung der Urbevölkerung oder durch ihre Eingliederung in die Kultur der Weißen. In dem kleinen Guatemala jedoch hat die Kultur der Maya 500 Jahre gewaltsamer Unterdrückung überdauert. Rigoberta Menchú ist sich sicher: „Unsere Kultur wird auch in Zukunft existieren, mit ihren religiösen Praktiken, ihrer Vision der Mutter Erde, ihrem Gemeinwesen und den ihr eigenen Bildungsmethoden. Die Mehrheit der Maya praktiziert all das in ihrem Alltag. Sie tragen die wahrhaftigen Elemente der Mayakultur im Blut, in ihrem Wesen, in ihren Hoffnungen. Das wird nicht verlorengehen."

Bisher wurde die Geschichte der Maya vorwiegend von Europäern und Nordamerikanern geschrieben. Nur wenige Maya haben Zugang zu Universitäten, in denen Archäologie betrieben wird. Texte, die sich mit der vorspanischen Epoche befassen, bezeichnen diese häufig als „prähistorisch" – als habe die Geschichte erst mit der Kolonisierung durch die Spanier begonnen.

Doch heute weiß man, daß die Maya vor dem zerstörerischen Einfall der spanischen Eroberer einen hohen Zivilisationsgrad erreicht hatten. Zum Beispiel benutzten sie einen exakten Kalender, der auf komplexen astronomischen Studien basierte. Sie verfügten über Hieroglyphenschriften, die über 1900 Jahre lang verwendet wurden und damit zu den am längsten benutzten Schriftsystemen der Menschheit gehören.

Maya und Europäer trafen zum ersten Mal im Jahr 1502 aufeinander. Damals kreuzte ein Handelsboot der Maya die Route von Kolumbus auf seiner zweiten Reise im Golf von Honduras. 1511 landeten die ersten Spanier – 13 Schiffbrüchige – auf der Halbinsel Yucatan. Unmittelbar danach kam es unter der Mayabevölkerung zu Infektionen mit Pocken, einer Krankheit, die in Amerika zuvor unbekannt war und in den folgenden Jahrzehnten Hunderttausende Opfer fordern sollte. Die Pocken und andere epidemische Krankheiten, die den Spaniern vorauseilten, erleichterten die Eroberung des guatemaltekischen Hochlandes.

500 Jahre nach der Entdeckung Amerikas durch Europäer wurde das Jahr 1992 zu einem Gedenkjahr mit dem offiziellen Motto „Begegnung zweier Welten". Die Jubelfeiern forderten den Widerspruch der indigenen Bevölkerung des amerikanischen Kontinents geradezu heraus. Aus ihrer Sicht hat es nie eine wirkliche kulturelle Gleichberechtigung gegeben. Der Rückblick auf 500 Jahre Unterdrückung wurde zu einem wichtigen Meilenstein in der Etablierung einer indigenen Bewegung Amerikas. Dabei kam Guatemala auf Grund seines hohen indigenen Bevölkerungsanteils eine besondere Bedeutung zu.

Der Ursprung und eine besondere Stärke der Mayabewegung liegt im Engagement vieler Frauen. Mayafrauen tragen auf vielerlei Weise zur Bewahrung der Traditionen ihres Volkes bei. Zum Beispiel produzieren sie ihre Kleider selbst. Die Farben und Muster ihrer Trachten symbolisieren die Gemeinde, aus der sie stammen.

Webkunst zwischen Tradition und Kommerz

Blitzschnell saust das Schiffchen durch die Fäden des Webstuhls, so daß der bunte Stoff um etwa einen Millimeter wächst. Unter den Händen der Weberin entstehen Muster und Figuren der Tradition ihres Mayadorfes. Die Stoffe in den anachronistischen Webstühlen verbinden die Weberin mit der Kultur ihrer Vorfahren. Sie hat die Kunst des Webens von ihren Großeltern, Urgroßeltern und noch viel älteren Generationen übernommen, und sie wird sie an ihre Töchter und Enkelinnen weitergeben. So bleibt ein Stück Mayakultur erhalten und setzt sich fort wie der Stoff, der mit jedem Meter Faden ein wenig wächst. Teresa Rojas, eine Frau aus dem Mayavolk der Mam, erklärt: „Einige Symbole stellen die Sonne dar. Die Sonne gibt uns Leben und schenkt der Natur ihre Farben. Ein anderes Symbol stellt ein Kätzchen dar. Wenn die Weberin ein Kätzchen webt, ist das eine Danksagung an den Schöpfer der Erde, denn die Tiere sind Teil der Natur."

Die Webkunst der Mayafrauen hat nicht nur einen kulturellen Wert, sondern auch eine fundamentale Bedeutung für den Lebensunterhalt vieler Familien. Alejandra Ramirez ist Mitglied der Weberei-Kooperative „Nueva Esperanza" in dem Mayadorf Cabrican. Sie sagt: „Die meisten Frauen im Dorf haben keine Arbeit. Viele ziehen während der Erntesaison auf die großen Kaffeeplantagen der Küste. Aber die Frauen der Kooperative können zu Hause bleiben und am Webstuhl ein wenig Geld für die Schulausbildung ihrer Kinder verdienen." Die gewebten Stoffe sind Ausdruck der Identität der Weberin und ihrer Dorfgemeinschaft. „Rot und weiß sind die Farben meines

Dorfes Cabrican", erklärt Alejandra Ramirez. „Die Frauen hier tragen weiße Hemden und rote Röcke."

In der Tradition des Webens kontrolliert die Mayafrau ihre Produktionsmittel. Sie wählt selber die Farben und Muster aus und bestimmt, wieviel Zeit sie neben den anderen Aufgaben des Haushalts für das Weben aufwenden möchte. Doch was passiert, wenn die Webkunst auf dem internationalen Markt bestehen muß? Vor einigen Jahren erlebten Produkte wie Rucksäcke und Hemden aus Mayastoffen in Europa und den USA eine Phase großer Popularität. Hunderte kleiner Händler kamen nach Guatemala, um dort Stoffe zu kaufen, die sie an Verkaufsständen in den Straßen oder Universitäten europäischer Städte anbieten konnten. Auch größere Firmen – mit Katalogen und Ständen auf internationalen Modemessen – beteiligten sich an dem Geschäft. Die Öffnung zum internationalen Markt bedeutete eine drastische Veränderung für die Weberinnen in Guatemala. Plötzlich wurde der Produktionsprozeß von außen gesteuert. Er verlor an Kreativität und kultureller Bedeutung. Die meisten Zwischenhändler versuchten, ihr Risiko zu minimieren, indem sie Muster nach ihren Vorstellungen anfertigen ließen. Erst wenn sie anhand dieser Muster Aufträge bekamen, bestellten sie größere Stückzahlen. Um Liefertermine einhalten zu können, setzten die ausländischen Kaufleute die Weberinnen unter Druck. Dabei ignorierten sie deren traditionellen Arbeitsrhythmus, der eingebettet ist in eine Vielzahl weiterer Aufgaben im Haushalt. Der Zeitdruck führte zu einem deutlichen Qualitätsverlust, und die Konkurrenz unter den vereinzelt arbeitenden Frauen drückte die Preise, so daß sie vorwiegend billiges Material einsetzen mußten, um den Einkommensverlust auszugleichen. Auch die Auswahl der Farben verlor ihre symbolische Bedeutung. Teresa Rojas erläutert: „Der Geschmack des Auslands fordert grelle Farben. Die modernen Chemiefarben werden nicht mehr aus Pflanzen gewonnen, so wie die Naturfarben früher. Außerdem ist es heute fast nicht mehr möglich, Naturfarben herzustellen, weil sie aus den Säften von Bäumen gewonnen werden, die es nur noch selten gibt. Die Natur wird zerstört. Deshalb müssen die Frauen Garn mit synthetischen Substanzen kaufen, das nicht mehr dieselbe Qualität hat wie die Wolle früher."

Durch den Qualitätsverlust haben die Produkte der Maya auf dem Weltmarkt rasch an Reputation verloren. Daraufhin kehrten die ausländischen Kaufleute – auf Grund deren Praktiken diese Situation entstanden war – Guatemala den Rücken und suchten in anderen Ländern nach Möglichkeiten, die Nachfrage nach „ethnischen" Produkten zu bedienen. Doch die Weberei-Kooperative „Nueva Esperanza“ in Cabrican bemüht sich weiterhin um den Erhalt der Webkunst. Teresa Rojas möchte, daß sich auch ihre Töchter die Fertigkeit und das Wissen aneignen, ihre eigenen Kleider entsprechend der Kultur ihres Volkes weben zu können. „Wir wollen, daß die Mädchen mit dem Weben aufwachsen. Wenn eines Tages der Preis für Kleidung steigt, können sie ihre eigenen Trachten anfertigen. Für mich ist es ein Stolz, selbstgefertigte Kleider zu tragen und damit die Traditionen meines Volkes zu erhalten.“

Schulunterricht in zwei Sprachen

Im westlichen Hochland Guatemalas bringen die ersten Sonnenstrahlen den Tau der Hügel des Mayadorfes Cabrican zum glänzen. In dem nahegelegenen Weiler Buena Vista übertönt ein Konzert kleiner gelber Küken das Krähen ausgewachsener Hähne, die den bevorstehenden Tag ankündigen. In den meisten Familien der schlichten Hütten Cabricans wird die Mayasprache Mam gesprochen, die auch nach jahrhundertelanger spanischer Herrschaft die Muttersprache der meisten Kinder dieser Region geblieben ist. Doch sobald diese Kinder eingeschult werden, müssen sie Spanisch sprechen.

Die Grundschule des Weilers Buena Vista ist die erste Schule der Region von Cabrican, in der die Schüler auch die Mayasprache ihrer Eltern sprechen dürfen. Im Unterricht der Erstkläßler lernen die Kinder die spanischen Worte für die Grundfarben, die sie in ihrer Muttersprache Mam schon lange kennen. Zahlen hingegen kennen sie vor allem auf Spanisch, weshalb sich die Lehrerin Mühe gibt, beim Erläutern der Rechenaufgaben die Zahlen immer auch mit den entsprechenden Mam-Worten zu benennen. So schwingt die Sprache während des Unterrichts mehrmals hin und her. Die Inhalte prägen sich in den kleinen Köpfen doppelt ein, und die Kinder lernen, sich auf Spanisch genauso sicher zu verständigen wie in ihrer Muttersprache Mam.

Noch ist die kleine Grundschule des Weilers Buena Vista eine Ausnahme. Viele guatemaltekische Lehrer und Lehrerinnen halten die Mayasprachen für einen Ausdruck von Unterentwicklung und Rückständigkeit. Rocael Baten, der Direktor der Grundschule von Buena Vista, der selbst in Cabricán aufgewachsen ist, meint: „In den meisten Schulen Guatemalas werden die Mayakinder diskriminiert. Schon am ersten Schultag, wenn der Lehrer die Kinder auf Spanisch nach ihrem Namen fragt, werden diejenigen, die nicht antworten können, weil sie die Frage nicht verstehen, als dumm und zurückgeblieben abgestempelt. Wir hier in Buena Vista hingegen versuchen, die Kinder so zu behandeln, wie sie sind – in ihrer Sprache und mit ihren Umgangsformen."

Die Analphabetenrate unter den erwachsenen Maya liegt in einigen Gebieten Guatemalas bei 70 Prozent. Jahrhundertelang hatten sie fast keine Möglichkeit, eine Ausbildung zu bekommen. Auch Rocael Baten mußte sich auf Grund seiner indigenen Herkunft gegen zahlreiche Widerstände durchsetzen. „Früher wurde uns gesagt: ‚Du bist ein Indio, du kannst nicht zur Schule gehen.' Aber ich wußte immer, daß auch ich etwas lernen kann. Ich glaube, mein Vater hat während seiner Jugend nicht ein einziges mal einen Klassenraum von innen gesehen. Er kann weder schreiben noch lesen. Meine Mutter auch nicht. Man hat ihnen gesagt: ‚Die Schule ist nichts für euch. Die Schule ist nur für Leute, die Spanisch sprechen. Aber ihr sprecht Mam, und deshalb habt ihr kein Recht auf eine Ausbildung.'"

In dem zweisprachigen Unterricht der Grundschule von Buena Vista lernen die Kinder, beide Sprachen als gleichwertig anzuerkennen. Mit ihrer Familie und den Nachbarn sprechen sie Mam. Spanisch ist die Sprache, die ihnen die Welt außerhalb ihres Dorfes öffnet – die Sprache der Städte, des Fernsehers und der staatlichen Behörden.

Eine der Lehrerinnen, Olivama de Perés, erklärt, daß die Schule nicht nur auf den Erhalt der Sprache Wert legt: „Im Unterricht sprechen wir mit den Kindern auch darüber, daß wir Maya die Maismenschen sind. Wir bringen ihnen Tänze mit den vier Farben der Maiskolben bei. Die Farben werden mit Kerzen dargestellt: rot, gelb, schwarz und weiß. Wir Maya sind dankbar für den Mais, denn er schenkt uns Leben. Ohne Mais wären wir keine Maya."

Mais ist das wichtigste Nahrungsmittel der Maya. Als Proteinquelle

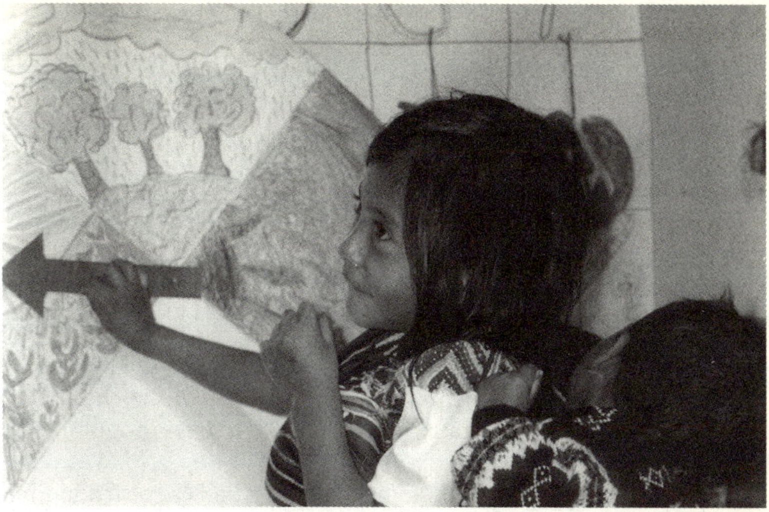

ermöglicht er eine nahezu fettlose, vegetarische Ernährung. Auf Grund der elementaren Bedeutung des Mais für die Diät der Maya spielt er auch in ihren Bräuchen und Ritualen eine besondere Rolle. Ein Mayafarmer bittet die Erde vor jeder Aussaat um Vergebung für die Wunden, die er ihr zufügen wird:

„Ich möchte, daß du weißt,
daß ich dich verletzen werde,
doch bitte, laß mich gewähren.
Ich werde dich beflecken,
deine Schönheit zerstören,
dich bepflanzen,
damit ich leben kann."

Eine Zukunft im globalen Dorf

Seit dem Ende des Kriegs in Guatemala können die Maya ihre traditionellen Riten wieder in aller Öffentlichkeit durchführen. Sie organisieren ihre Gemeinden, fordern ihre Rechte ein halten die Erinnerung an ihre Vorfahren wach.

Der Journalist Estuardo Zapeta, einer der wenigen Maya, die sich unter den zahlreichen Kolumnisten der vier wichtigsten Tageszeitungen profiliert haben, ist überzeugt davon, daß diese Renaissance der Mayakultur nicht nur eine zentrale Bedeutung für die Zukunft seines eigenen Volkes hat: „Die Menschen in der Welt von heute können nicht so leben, als seien sie unabhängig von den Menschen in anderen Kontinenten. Wir alle sind voneinander abhängig. Ich finde, das ist eine sehr schöne Botschaft. Wir Maya lernen schon als Kinder in der Dorfgemeinschaft, daß die Lüge eines einzelnen alle beeinflußt und daß die Stärke einer Person für alle von Nutzen sein kann. Meiner Meinung nach ist es unumgänglich, daß die Kulturen sich austauschen, respektieren und gegenseitig kennenlernen. Viele Dinge entfernen sich von ihrem Ursprung und transformieren sich zu universalen Werten. In diesem Sinne hat der Westen viel geleistet. Wir Maya glauben, daß auch wir etwas beitragen können. Zum Beispiel kennt unsere Kultur wertvolle Praktiken der Naturheilkunde und der Naturbewahrung. Wir haben unsere eigenen, angepaßten Technologien. Dieses Wissen kann auch für andere nützlich sein. Ich glaube, wenn wir uns austauschen, können wir gemeinsam in einer besseren Welt leben."

Teile der europäischen Ökologiebewegung beziehen sich in ihrer Kritik an der Moderne auf das indianische Verständnis der Natur als „Mutter Erde". In der esoterischen Literatur werden „Indianerhäuptlinge" als spirituelle Führer der Welt bezeichnet. Davon aber, daß die Nachkommen dieser alten, traditionsreichen Kulturen bis heute in Nord-, Mittel- und Südamerika diskriminiert werden, wird nur selten gesprochen. Ihre Umwelt wird zerstört, ihr Land gestohlen und ihre Kultur übergangen. Offenbar treffen einige Fragmente indianischer Weltanschauung in Europa auf größeres Interesse als die Anliegen der Menschen selbst, die beim täglichen Überlebenskampf in ihren ursprünglichen kulturellen Werten nach Halt und Orientierung suchen. Fünfhundert Jahre der Unterdrückung haben die kulturelle Identität der Maya nicht zerstören können. Was würde ihnen auch bleiben, wenn sie ihre Wurzeln vergäßen? Sie wären Saisonarbeiter ohne kulturelle Heimat, Slumbewohner ohne gemeinschaftsstiftende Traditionen, Handlanger eines globalen Fortschritts, von dessen Früchten sie nichts abbekommen.

Academia Guatemalteca de Español

Spanischkurse im guatemaltekischen Hochland

Die ACADEMIA GUATEMALTECA DE ESPAÑOL, A.G.E., im Hochland Guatemalas bietet StudentInnen aus der ganzen Welt für 125,- US$ pro Woche täglich fünfstündigen Einzelunterricht in Spanisch, inklusive Unterbringung und Verpflegung in einer guatemaltekischen Gastfamilie. In Guatemala gibt es eine große Zahl billiger Sprachschulen. Die A.G.E. ist auf Grund der hohen Qualität des Unterrichts empfehlenswert. Eine kurzfristige Anmeldung vor Ort ist möglich.

ANMELDUNG BEI
Silvia Soch-Hurtado, 24 Avenida „A" 1-39, Zona 3
Quetzaltenango, Tel.: 00502 / 7677469, e-mail: ajis8@hotmail.com

Casa Alianza

Hilfe für Kinder in Not

Die Kinderrechtsorganisation CASA ALIANZA bemüht sich in verschiedenen Ländern des amerikanischen Kontinents um verlassene Kinder, die auf der Straße leben. In Guatemala unterstützt CASA ALIANZA auch Jungen und Mädchen, die während des Bürgerkriegs ihre Eltern verloren haben. Der deutsche Verein CASA ALIANZA/Kinderhilfe Guatemala, bemüht sich neben der Finanzierung von Projekten auch um Medien- und Lobbyarbeit in Deutschland.

CASA ALIANZA
Bismarckstraße 57, 53604 Bad Honnef

Neue Pfade im Dschungel

Möglichkeiten nachhaltiger Nutzung

Langsam schwindet der Nebel und öffnet die Sicht auf das scheinbar endlose Grün des Waldes und die Ruinen der antiken Mayastadt Tikal. Es ist sechs Uhr morgens mitten im Dschungelgebiet Petén. Nahezu hundert Touristen sind die siebzig Meter des Tempel IV, des höchsten präkolonialen Bauwerks Amerikas, emporgestiegen. Gebannt schauen sie nach Osten, um einen Blick auf das Rot des Sonnenaufgangs zu erhaschen. Sobald der Tag angebrochen ist, werden sie ihren Touristenführern folgen, die ihnen auf Englisch, Französisch oder Deutsch archäologische Erkenntnisse über die antike Mayakultur erläutern.

Tourismusattraktion tropischer Regenwald

Die ausländischen Besucher haben in Drei-Sterne-Hotels nahe der Ruinen übernachtet und in dem teuren Restaurant des Parks zu Abend gegessen. In wenigen Stunden werden sie in dem Bus ihrer internationalen Agentur zurück zum Flughafen fahren. Für Guatemala ist der Tourismus die zweitwichtigste Deviseneinnahmequelle – nach Kaffee. Das bestätigt auch Pablo Vidor von INGUAT, der staatlichen Tourismusbehörde: „Von dem klassischen Tourismus profitieren vor allem große, reiche Unternehmen, die ohne eine Vision der Naturbewahrung und des Respekts gegenüber der einheimischen Kultur operieren. Sie benutzen die Attraktionen des Landes für ihre Reiseprogramme und hinterlassen nur zu oft nichts weiter als ihren Müll. Der Bevölkerung hilft das wenig."

Jahr für Jahr besuchen rund 500.000 Touristen aus aller Welt den guatemaltekischen Urwald und die Mayaruinen von Tikal.

Manche Agenturen bieten auch Exkursionen in die umliegenden Gemeinden an, zum Beispiel in das kleine Dorf Uaxactún, dessen Bewohner in einfachen Hütten leben, die sie aus dem Material des Waldes gebaut haben: Ästen, Palmenblättern, Lianen und Lehm.

Julio Carudo ist Mitglied des Gemeinderats von Uaxactún. Tag für Tag erlebt er, wie mindestens ein oder zwei Busse über den schlammigen Weg von Tikal bis in sein Dorf fahren. „Wir fühlen uns schlecht und gedemütigt. Die Busse der Agenturen verschmutzen unsere Umwelt, und die Touristen werfen ihre leeren Getränkedosen auf die Wege. Sie fotografieren unsere Kinder, als ob sie Zootiere seien, aber sie geben kein Geld bei uns aus. Meist kaufen sie nicht einmal ein paar Kunstgegenstände oder Souvenirs. Für die Gemeinde hinterlassen die Touristen nichts."

Seit einiger Zeit bemühen sich die Tourismusbürokraten in der Hauptstadt um neue Konzepte, die auch den Waldbewohnern Möglichkeiten eröffnen sollen, vom Tourismus zu profitieren. Eines ihrer Ziele ist der Schutz des Waldes. Im Vergleich zu Brandrodungen und industriellem Holzeinschlag trägt der Tourismus nur sehr wenig zur Zerstörung des Dschungels bei. Im Gegenteil: Ein Tourismus, der entsprechend organisiert ist, könnte helfen, die Entwaldung aufzuhalten. Pablo Vidor von der staatlichen Tourismusbehörde INGUAT erklärt: „Wir arbeiten an einem neuen Konzept des Ökotourismus. Die Idee ist, daß die Bewohner der besuchten Gemeinden eigene Tourismusprogramme durchführen und als archäologische und ökologische Führer arbeiten. Sie könnten den Transport mit Flößen oder Pferden übernehmen und Verpflegung und Unterkunft stellen."

Die guatemaltekische Regierung befürwortet das Konzept des Ökotourismus in der Hoffnung, daß dadurch alternative Einkommensquellen geschaffen werden, die der Bevölkerung die Möglichkeit geben, ihre Maisfelder weniger intensiv zu bearbeiten. Auch Nidia Alvares, die Direktorin des Naturschutzgebiets Petencito, unterstützt die Idee, warnt aber vor Ettikettenschwindel: „Der Ökotourismus, den einige finanzkräftige Agenturen anbieten, die ihre eigenen Touristenführer aus dem Ausland mitbringen, nützt den Waldbewohnern gar nichts. Leider gibt es viele Firmen, die ihren Programmen einfach nur das Label ‚Öko' aufstempeln. Mit nachhaltiger Entwicklung hat das aber nichts zu tun."

Tourismusprogramme, die ausländische Besucherinnen und Besucher in abgelegene Gemeinden und in nahezu unberührte Dschungelgebiete führen, bergen auch Gefahren in sich. So sorgt sich die Biologin Nidia Alvarez nicht nur um den Fortbestand der Tierwelt im Petén, sondern auch um den Erhalt der Traditionen, die das Leben der Waldbevölkerung prägen: „Natürlich gibt es das Problem des kulturellen Einflusses. Mit der Zeit wollen die Kinder all die Sachen haben, die ihnen die Touristen zeigen. Auch das Ökosystem wird beeinflußt. Wenn du ein Vogel wärst, der seine Eier ausbrütet und dabei stundenlang von einem Paar Ferngläser beobachtet wird, dann würdest du dich auch gestreßt fühlen. Außerdem gibt es noch die große Zahl an Rucksackreisenden, die sich zum Teil als Ökotouristen ausgeben. Sie bringen meist nur sehr wenig Geld ins Land und wollen keine guten Dienstleistungen in Anspruch nehmen, weil sie die nicht bezahlen können. Sie handeln die Preise der Waren auch um kleinste Pfennigbeträge herunter. Ein solches Verhalten hat nichts mit Ökotourismus zu tun."

Pablo Vidor von der staatlichen Tourismusbehörde INGUAT meint, die erfolgreiche Umsetzung von Ökotourismus sei nicht nur eine Frage der Planung und Organisation: „Auch der Tourist muß seinen Beitrag leisten. Er muß Verständnis und Respekt für die besuchte Kultur und die biologische Vielfalt mitbringen. Mit einem Touristen ohne Respekt funktionieren auch die besten Programme nicht."

In dem Dorf Uaxactún hat INGUAT eines der Pilotprojekte des Ökotourismusprogramms gestartet. Julio Carudo hofft, daß in Zukunft viele Ausländer in dem neu eingerichteten Ökocamp übernachten werden. „Wenn die Touristen zu uns kommen und in unserem Gemeinschaftssaal essen, dann hinterlassen sie Geld für die Gemeinde. Wenn sie einen unserer Waldführer engagieren, dann ist das eine Hilfe für seine Familie. Wenn sie Pferde mieten, um in den Dschungel zu reiten, dann bedeutet das für uns eine Einnahme, mit der wir unsere Kinder ernähren können."

Jede sinnvolle Unterstützung der Waldbewohner ist gleichzeitig auch ein Beitrag für das Überleben des Dschungels. Raubbau durch internationale Holzkonzerne und unkontrollierte Migration von Menschen aus anderen Landesteilen haben dazu geführt, daß innerhalb der vergangenen zwanzig Jahre annähernd fünfzig Prozent des Waldbestandes zerstört wurden. Eine anhaltende Zerstörung hätte nicht nur katastrophale Folgen für die Waldbewohner, sondern auch einen negativen Einfluß auf das Weltklima. Der Petén ist die siebtgrößte „Lunge der Erde".

Sammler und Jäger im Dschungel

Wie eine steile Wand erhebt sich der Dschungel gen Himmel, so daß die Chicleros den Kopf weit in den Nacken legen müssen, um einen Stern erblicken zu können. Vierzig Meter hoch ragen die Bäume, düster und dicht, mit nur kleinen Öffnungen in ihren Kronen. Den ganzen Tag über haben die Männer Chicle, den Rohstoff für Kaugummi, geerntet. Mit einem Seil und Sporenstiefeln sind sie die Stämme des Chicosapotebaums emporgestiegen und haben Kerben in seine

Rinde geschlagen. Wie das Blut einer Wunde quillt die weiße Gummimilch aus dem Baum hervor. Am Abend kommen die Chicleros zurück in ihr Camp und braten ein Wildtier. Hinter dem flackernden Licht der Flammen scheint das tiefschwarze Dunkel des Dschungels noch undurchdringlicher zu sein. Einige Männer haben Tortillas in die Asche gelegt. Manchmal wenden sie die kreisrunden Maisfladen mit langen Stöcken. Oder sie schaufeln neue Asche über die Bananenblätter, in die sie ihre schwarzen Bohnen eingewickelt haben. Keiner der Chicleros benutzt Messer oder Gabel. Trotzdem gebrauchen sie ihre Finger nur, um Salzprisen auf das Fleisch zu streuen. Sie reißen ihre Tortillas in kleine Stücke und greifen damit die Bohnen auf. Dazu trinken sie Regenwasser, das sie in einem mit Plastikplanen ausgepolsterten Loch aufgefangen haben. Sie nehmen sich unendlich viel Zeit zum Essen. Nur selten wird ein Wort gesprochen. Für die Chicleros ist die abendliche Mahlzeit ein wichtiger Teil des Ausruhens, um Kräfte für den neuen Tag zu sammeln. In wenigen Stunden werden sie wieder die Stämme des Chicosapote emporsteigen.

Die Chicleros arbeiten seit annähernd hundert Jahren im Petén, ohne daß ihre Arbeit zur Entwaldung beigetragen hat. Sie sind keine Holzfäller. Die Bäume sorgen für ihren Lebensunterhalt und geben ihren Kindern eine Zukunft. Benedín García ist der Vorsitzende einer Ortsgruppe der Waldarbeitergewerkschaft. Er weiß, daß sein Dorf ohne den Wald nicht überleben kann. „Wir sind sehr besorgt. Noch leben wir in Frieden. Wir sind zwar arm, aber wir können selbst entscheiden, was wir arbeiten wollen. Niemand schreibt uns vor, was wir zu tun und zu lassen haben. Aber wohin werden unsere Kinder gehen? Ohne den Wald werden sie wie Sklaven für die reichen Landbesitzer arbeiten müssen."

Während der Erntesaison steigen die Chicleros jeden Tag auf die Bäume, um Chicle zu zapfen. Sie schlagen Kerben in mehrere Stämme und kommen am nächsten Tag zurück, um den Latex einzusammeln. Mit einer Machete schlagen sie einen Kanal in Form eines V, an dessen Ende sie eine kleine Ledertasche befestigen. Dann beginnt der Anstieg mit Hilfe eines Seils. Jeder Schlag der Machete muß präzise sein. Er darf nur in die Rinde eindringen, nicht ins Holz, sonst wird der Baum verletzt. Für die muskulösen Männer ist es eine Sünde, einen Chicosapotebaum zu töten. Sie wollen den Wald bewahren, ohne ihm Schaden zuzufügen. Deshalb warten sie fünf oder sechs Jahre lang, nachdem sie einen Baum bearbeitet haben, bevor sie ihn wieder nutzen. Doch obwohl sie die besten Wächter des Waldes sind,

leben sie in sehr schwierigen und ärmlichen Verhältnissen. „Wir Chicleros haben nur wenige Möglichkeiten, unsere Lage zu verbessern", sagt Benedin Garcia. „Wir haben kein Geld, um ein stabiles Haus zu bauen, und unsere Kinder können nicht zur Schule oder zur Universität gehen."

Der Lohn, den die Chicleros von den Zwischenhändlern erhalten, liegt meist höher als der in anderen Bereichen der Landwirtschaft Guatemalas. Sie verdienen mehr Geld als die Kaffepflücker und mehr als die Angestellten der großen Bananenplantagen. Warum also sind sie trotzdem so arm?

Luis Chaves, der Generalsekretär der Waldarbeitergewerkschaft, erklärt, wie die Chicleros in Abhängigkeit von wohlhabenden Geschäftsleuten gehalten werden: „Die Chicleros haben kein Erspartes, das sie ihren Familien zurücklassen könnten, während sie monatelang im Wald arbeiten. Deshalb können die Zwischenhändler sie mit einer Vorauszahlung anwerben und abhängig machen. In den Lagern im Wald verkaufen diese Geschäftemacher den Chicleros dann Lebensmittel zu völlig überteuerten Preisen, so daß sie sich verschulden müssen. Wenn sie den Chicle am Ende der Erntezeit an die Zwischenhändler verkaufen, bleibt den Chicleros unterm Strich fast kein Verdienst."

Der gesamte Chicle, der in Guatemala geernte wird, wird von der staatlichen Institution CONAP, dem Nationalrat der Naturschutzgebiete, aufgekauft. CONAP übernimmt die Vermarktung im Ausland. Die wichtigsten Käufer sind mexikanische und japanische Firmen. Jahrzehntelang hat CONAP fast ausschließlich mit einer kleinen Gruppe von Investoren zusammengearbeitet, die durch die Arbeit der Chicleros reich geworden ist. „Es ist das alte Lied der Ausbeutung des Menschen durch den Menschen", meint Luis Chaves. „Im Petén gibt es einen geschlossenen Kreis von Personen, zu dem Militärs und einflußreiche Geschäftsleute gehören und auch Staatsangestellte, die die schmutzigen Machenschaften verbergen. Warum kann sich eine solche Situation halten? Warum gibt es im Petén noch immer ein Feudalsystem? Ganz einfach: Es geht um viel Geld. Es geht um genau 13 Millionen Quetzales im Jahr. Das sind über drei Millionen Mark. Zehn Bosse teilen diese 13 Millionen Quetzales unter sich auf. Innerhalb einer Erntezeit verdienen sie jeweils über eine Million Quetzal. Deshalb tun sie alles, um dieses System aufrechtzuerhalten. Von dem Geschäft profitieren hohe Funktionäre der Armee, Geschäftsleute in der Hauptstadt und auch Regierungsangestellte. Diese Situation muß öffentlich gemacht werden. Das Schweigen muß gebrochen werden, damit die Chicleros nicht immer ausgebeutet werden. Das kann doch nicht so weitergehen."

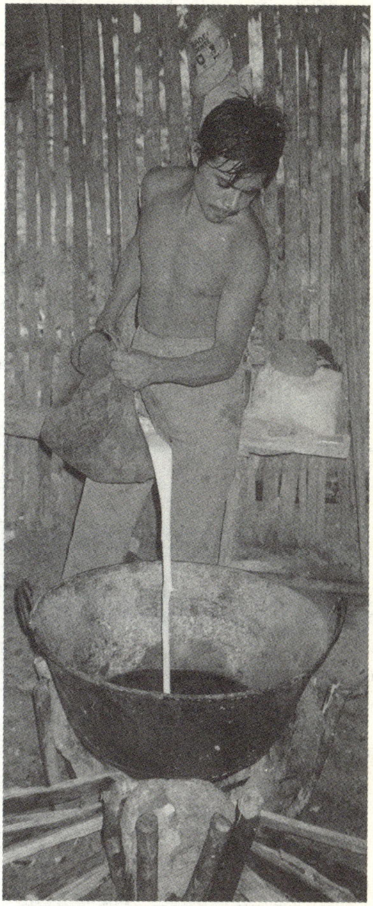

Die Zwischenhändler haben sich zu einer Genossenschaft zusammengeschlossen. Diese Organisationsform hat es ihnen möglich gemacht, nahezu 100 Prozent der Erntekonzession und Vermarktung des Chicle zu bekommen. Für die Chicleros selbst bringt die Genossenschaft der Zwischenhändler nichts. Benedín García meint: „Eigentlich müßte es einen Vertrag geben, irgendeine Unterschrift. Der Chiclero muß eine Bestätigung unterschreiben, sobald er die Vorauszahlung bekommt, aber der Zwischenhändler unterschreibt nichts. Es gibt also keinen Vertrag, der den Chiclero schützt. Vor dem Gesetz hat er keinerlei Rechte."

Die Chicleros wollen die Ausbeutung beenden. Jahrzehntelang haben sie nur für den Profit einiger weniger Personen gearbeitet, ohne selbst Fortschritte zu machen. Ihre Familien wohnen in kleinen Hütten, die oft nicht einmal ein dichtes Dach haben. Die Wände sind aus den Ästen des Waldes gefertigt und die Kinder schlafen auf Betten aus Blättern oder Pappkartons.

Die Chicleros wollen sich von den Zwischenhändlern unabhängig machen und ihre eigene Kooperative aufbauen, eine Kooperative der Basis, die gerechte Preise zahlt und dazu beiträgt, daß sich die Arbeitsbedingungen und das Leben der Chicleros verbessern.

Unter den Waldbewohnern ist das Interesse groß, sich der neuen Kooperative anzuschließen. Durch sie soll nicht nur ein besseres Einkommen garantiert werden, sondern auch eine gewisse soziale Absicherung für die Chicleros und ihre Familien. Verschiedene internationale Organisationen unterstützen die Bemühungen der Waldbewohner. Geplant sind ein Gesundheitsfonds, eine Altersrente und einige Gemeindeprojekte. Lauro Barrios, der seit seinem sechzehnten Lebensjahr als Chiclero arbeitet – seit zwanzig Jahren –, bestätigt, daß das Fehlen solcher Sozialfonds bisher eines der Hauptprobleme für die Chicleros war: „Einmal sind zwei meiner Kameraden vom Baum gestürzt. Der Patron brachte sie nur in das zentrale Lager und gab ihnen hundert Quetzal. Sie sind nach Hause gefahren und dort gestorben. Die Zwischenhändler haben nichts für die Kosten des Begräbnisses gegeben. Wir hoffen, das alles wird besser werden, wenn wir mit der Kooperative zusammenarbeiten."

Die Chicleros wollen einen neuen Weg gehen. Wenn ihre Kooperative Erfolg haben sollte, könnte sie zu einem wichtigen Instrument der Bewahrung des Dschungels werden. Denn niemand ist mehr daran interessiert, die tropischen Regenwälder zu erhalten, als die Menschen, die von deren Früchten leben.

Das schnelle Sterben der Bäume

Mitten im Petén, umgeben vom tropischen Regenwald, liegt das Städtchen Santa Elena. Seine staubigen Straßen erwecken den Eindruck eines provisorisch aufgebauten Goldgräberorts, auch wenn entlang der Hauptstraße einige mehrstöckige Gebäude und glänzende Bankfilialen stehen. Während der vergangenen zwanzig Jahre sind die Grundstückpreise in Santa Elena zum Teil um das Fünfzigfache gestiegen, genauso wie die Mieten, die auch von zahllosen Umweltschutz- und anderen Organisationen aus aller Welt in die Höhe getrieben werden. Der Aufbau der Infrastruktur kann mit dem schnellen Wachstum der Bevölkerung nicht mithalten. Es fehlt an Telefon- und Stromleitungen, gut ausgebauten Straßen und Abwasserkanälen. Stromausfälle sind eine Alltäglichkeit, so daß die Klimaanlagen der ausländischen Experten häufig funktionsunfähig sind – ein Problem, um daß sich die Hüttenbewohner keine Sorgen zu machen brauchen.

Für die meisten Guatemalteken ist der Petén eine ferne Provinz, von der sie nur wenig wissen. Viele glauben noch immer, er sei ein unerschlossenes Dschungelgebiet. Nur wenige Politiker interessieren sich für die Probleme des Petén, obwohl die Region ein Drittel der Landfläche Guatemalas einnimmt. Jahr für Jahr werden rund 50.000 Hektar Land entwaldet. Sollte diese Zerstörung mit derselben Geschwindigkeit weitergehen, werden im Petén bald nur noch einige wenige geschützte Gebiete übrigbleiben.

Nidia Alvarez, die Direktorin eines dieser Naturschutzgebiete, meint: „Die Probleme der Region sind vielfältig. Seit der Kolonisierung durch die Spanier existiert in Guatemala eine sehr ungerechte Landverteilung. Viele Bauernfamilien besitzen überhaupt kein Land. Auf der Suche nach fruchtbarem Ackerboden kommen sie in den Petén, weil sie meinen, das Land hier sei umsonst. Täglich treffen Lastwagen mit neuen Familien ein."

Innerhalb von dreißig Jahren hat sich die Zahl der Menschen im guatemaltekischen Dschungel auf rund eine halbe Millionen verzehnfacht. Gleichzeitig wurden fünfzig Prozent des Waldbestandes zerstört. Früher waren in allen Winkeln des Dschungels rote Papageien zu sehen. Heute gehören sie zu den vom Aussterben bedrohten Tierarten. Im südlichen Petén gibt es schon lange mehr Rinder, die auf Grasflächen weiden, als Rehe, die durch den Dschungel streifen. Die Maisfelder sind größer als die unberührten Regenwälder, und der melancholische Schrei des Brüllaffen ist selten geworden.

Elmar Lopéz von GREENPEACE-Guatemala meint, die Wurzeln der heutigen Krise lägen in politischen Entscheidungen, die die guatemaltekischen Militärregime der siebziger Jahre getroffen haben: „Jahrzehntelang hat die Regierung die Einwanderung in den Petén gefördert. Der Dschungel sollte bevölkert und erschlossen werden.

Hunderttausende sind diesem Ruf gefolgt – das war ein großer Irrtum. Der Boden des Petén ist erst vor relativ kurzer Zeit vom Ozean freigegeben worden. Deshalb ist die fruchtbare Bodenschicht nicht mehr als fünf Zentimeter dick, so daß keine dauerhafte Landwirtschaft möglich ist. Die Leute, die hier ihren Mais anbauen, müssen ständig neue Felder anlegen, um überleben zu können. Dabei zerstören sie immer mehr Wald."

Der Petén ist ein attraktives Gebiet für die Holzindustrie. Elmar Lopéz: „Die Holzfäller schlagen Wege, die zur Speerspitze für die nachkommenden Einwanderer werden. Im Norden des Petén, in der sogenannten Biosphäre Maya, darf eigentlich niemand mehr Bäume fällen. Aber jeden Tag fahren Lastwagen, die bis oben hin mit Holzstämmen angefüllt sind, über die Grenzen nach Mexiko und Belize. Viele der Fahrer haben sogar legale Ausfuhrpapiere. Wie ist das möglich? Ganz einfach: Wenn dieses Holz illegal geschlagen, aber legal ausgeführt wird, dann existiert irgendwo auf dem Weg Korruption."

Der Petén mit seiner Vielfalt an ökologischen Problemen wäre eigentlich ein ideales Betätigungsfeld für die Ökoaktivisten von GREENPEACE. Schließlich bemüht sich die Organisation rund um den Globus darum, die tropischen Regenwälder zu erhalten. Bisher jedoch hat sich die kleine Gruppe GREENPEACE-Mitarbeiterinnen in der guatemaltekischen Hauptstadt nicht dazu entschließen können, in dieser abgelegenen Region aktiv zu werden. „Wir haben noch keine Aktion durchgeführt, weil sich jede Person, die im Petén ehrlich und ernsthaft politisch arbeiten möchte, in Gefahr begibt", erklärt Elmar Lopéz. „Unser Engagement würde die Interessen der großen Holzfäller berühren, und hinter denen existiert ein Netz aus Geschäftsleuten und Militärs. Solange wir den Eindruck haben, daß die körperliche Sicherheit unserer Aktivisten bedroht ist, werden wir mit Aktionen im Petén sehr vorsichtig sein."

Auch Luis Chaves, Vorsitzender der Gewerkschaft der Holzarbeiter, weiß, daß die Holzmafia im Petén weitgehend ungestört abholzen kann: „Die Politiker haben Angst, etwas für den Petén zu tun. Das Kartell der Holzhändler ist mindestens ebenso gefährlich wie die kolumbianische Drogenmafia."

In Guatemala war es jahrzehntelang lebensgefährlich, sich für Menschenrechte und Kriegsopfer einzusetzen. Heute ist das politische Klima weniger angstbesetzt. Sogar öffentliche Kritik an der Armee ist nichts Außergewöhnliches mehr. Doch die ökologischen Probleme des Petén und der Überlebenskampf seiner Waldbewohner sind Themen, die nur wenig Aufmerksamkeit erhalten. Luis Chaves klagt: „Manchmal bekommt man den Eindruck, als sei der Petén für die Bürokraten des Staates ein anderes Land oder sie wüßten nicht, daß er existiert. In einigen Gebieten gibt es keinerlei Kontrollen, weder eine Verwaltung noch eine Gerichtsbarkeit - einzig und allein das Militär."

Seit dem Ende des Bürgerkriegs sucht die guatemaltekische Armee nach neuen Aufgaben, um nicht die Legitimation für ihre gesellschaftliche Macht zu verlieren. Der Naturschutz im Petén könnte ein interessantes Betätigungsfeld sein. Koronel Byron Mejia, Subkommandant der Militärzone des Petén, bestätigt, daß die Armee bereit ist, als Ökopolizei aktiv zu werden: „Wir wollen uns an der Lösung der schwerwiegenden Probleme beteiligen. Leider wurden bisher keine ausreichenden Anstrengungen unternommen, um die Natur zu schützen. Aber wenn der Wald nicht geschützt wird, könnte das schlimme Folgen haben." In vielen Fällen treten die Militärs jedoch nicht als Wächter der Bäume auf, sondern als Teilnehmer an der Ausbeutung der natürlichen Reichtümer des Dschungels.

Vor über tausend Jahren war der Petén von wahrscheinlich über drei Millionen Menschen bevölkert. Bisher wurden nicht einmal fünf Prozent der zahllosen Ruinen, die sie zurückgelassen haben, freigelegt. Überreste ihrer Zivilisation sind überall im Dschungel als Zeugen dieser Epoche zu finden. Die Historiker und Archäologen haben nie eindeutig klären können, warum die Maya den Wald über ein halbes Jahrtausend vor der Ankunft der Spanier verlassen und ihre monumentalen Bauwerke dem Dschungel überlassen haben. Die Vergangenheit des Petén bleibt ein Rätsel. Viel einfacher ist es, die Zukunft der Region vorauszusagen: Die Zahl der Bäume wird weiter abnehmen. Das Überleben des Dschungels ist gefährdet. Aber noch haben die Waldbewohner ihre Hoffnung nicht aufgegeben, daß auch ihre Enkel in Eintracht mit dem Wald und seiner Tierwelt leben werden.

¡Fíjate!

Nachrichten · Informationen · Berichte zu Guatemala

Aktuelle Informationen aus Guatemala

In dem vierzehntägig erscheinenden Informationsblatt ¡FIJATE!, das mit großem persönlichen Engagement einiger AktivistInnen der Guatemala-Solidaritätsbewegung zusammengestellt wird, finden sich Informationen und Berichte zur aktuellen Lage in Guatemala. Bei der Zusammenstellung der ins Deutsche übersetzten Artikel verarbeiten die RedakteurInnen eine Vielzahl von Publikationen aus Guatemala und anderen Ländern. Ein ¡FIJATE!-Abonnement kostet 120,- DM im Jahr.

¡FIJATE!
c/o Version, Vor den Siebenburgen 32, 50676 Köln

Informationsstelle e.V.
Guatemala

Koordination der Solidaritätsgruppen

Die INFORMATIONSSTELLTE GUATEMALA wurde 1979 mit dem Ziel gegründet, die Aktivitäten der Guatemala-Solidaritätsbewegung zu koordinieren und die Zusammenarbeit zu verbessern. Sie erstellt regelmäßig Publikationen, begleitet guatemaltekische BesucherInnen auf Veranstaltungsreisen, organisiert Seminare oder Ausstellungen und pflegt Kontakte zu Organisationen der guatemaltekischen Volksbewegung.

INFORMATIONSSTELLE GUATEMALA, OSCAR-ROMERO-HAUS
Heerstraße 205, 53111 Bonn

BELIZE

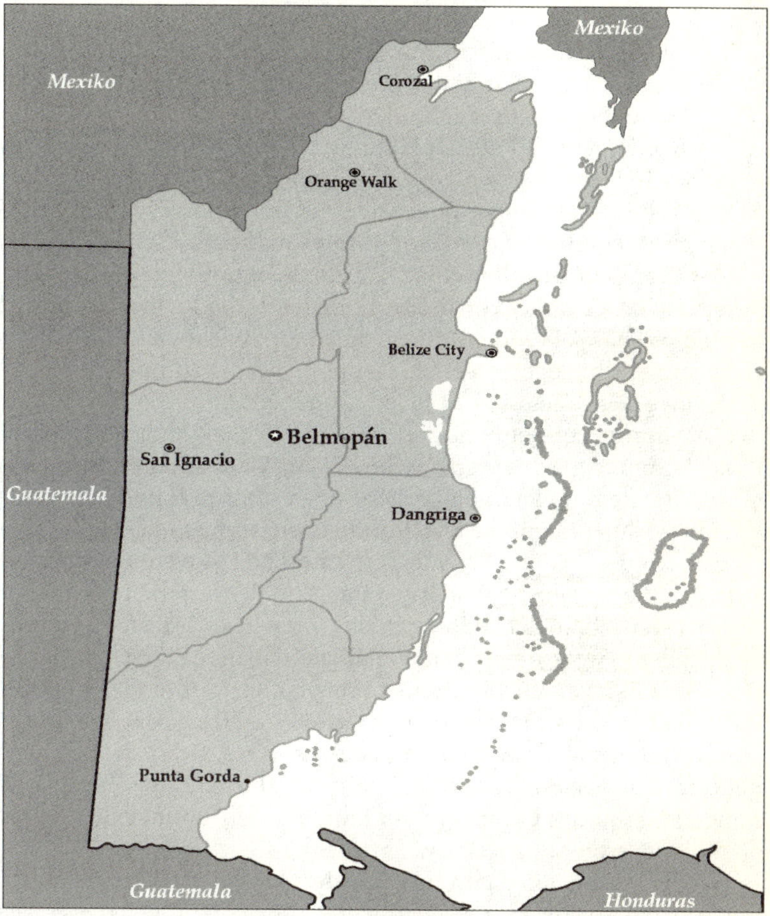

Fläche:	22.960 km²
Bevölkerung:	ca. 200.000 Einwohner
Hauptstadt:	Belmopán (ca. 12.000 Einwohner)
weitere Städte:	Belize-City (50.000), Orange Walk (12.000), Corozal (9000)
Währung:	Belize-Dollar
Pro-Kopf-Einkommen:	2.380 US-Dollar/Jahr
Index der menschlichen Entwicklung:	Platz 83

Neuere archäologische Funde widerlegen die frühere Vorstellung, die Spanier hätten das Gebiet des heutigen Belize relativ unbesiedelt vorgefunden. Die zahlreichen Mayastädte im tropischen Regenwald des Landesinnern sind bislang nur zu einem geringen Teil freigelegt worden. Ihre Ruinen geben Zeugnis von der Blütezeit des Maya-Imperiums, während der wahrscheinlich zehnmal mehr Menschen in der Region lebten als heute.

Der spanische Schiffbrüchige Gonzalo Guerrero gilt als der erste europäische Bewohner von Belize. Er heiratete die Tochter des Mayafürsten Nachankan und wurde zu einem der wichtigsten Militärberater seines Schwiegervaters im Kampf gegen die europäischen Eindringlinge. Nachdem der Spanier Alonso Pacheco die Hauptstadt der Mayaprovinz Chetumal, dem heutigen Corozal, grausam erobert hatte, kümmerte sich die spanische Krone fast überhaupt nicht weiter um die Region, da es ihr an den begehrten Gold- und Silbervorkommen fehlte. Englische Siedler hingegen beuteten die Holzschätze der Tropen aus. Sie brachten afrikanische Sklaven nach Mittelamerika, die im Jahr 1790 über zweitausend der fast dreitausend Bewohner der Holzfällersiedlungen des damaligen British Honduras ausmachten. Trotz dieser zahlenmäßigen Überlegenheit war keine der vielen Sklavenrebellionen des achtzehnten Jahrhunderts erfolgreich. Erst 1833 wurde die Sklaverei in allen britischen Kolonien abgeschafft. Ein spezieller Paragraph des Gesetzes verbot die Sklavenhaltung auch den Engländern in British Honduras. Dieser Zusatz war notwendig, da das Gebiet erst im Jahr 1862 einen offiziellen Status als Kolonie erhielt.

Mit der Unabhängigkeitserklärung der Nachbarstaaten Guatemala und Mexiko im Jahr 1821 beanspruchten die Regierungen dieser beiden neuen Republiken das Gebiet des heutigen Belize als eine ihrer Provinzen. Sie bezeichneten sich als legitime Nachfolger der spanischen Kolonialmacht. Im Jahr 1859 unterzeichnete die Regierung Guatemalas einen Vertrag mit den Engländern, in dem sie sich bereiterklärte, die britische Kolonie im Gegenzug für den Bau einer Straße von der guatemaltekischen Hauptstadt bis Belize-City anzuerkennen. Dieses Vorhaben wurde jedoch nie durchgeführt.

Mexiko zog seinen Anspruch 1893 zurück, aber in Guatemala wird der patriotische Slogan „Belize ist unser" bis in die Gegenwart hinein gepflegt. Zumindest zweimal, 1972 und 1977, verstärkte Guatemala seine Truppen an der Grenze und drohte mit einer Invasion. Erst 1991 erkannte der guatemaltekische Präsident Jorge Serrano Elias den Staat Belize an – eine Entscheidung, die viele Gutemalteken bis heute als Landesverrat bezeichnen.

1961 zerstörte der Hurrikan Hattie große Teile der damaligen Hauptstadt Belize-City, woraufhin der Regierungssitz ins sicherere Hinterland verlegt wurde. Die neue Hauptstadt, Belmopán, wurde am Reißbrett entworfen und sollte den offiziellen Plänen zufolge von 30.000 Menschen bewohnt werden. Doch zu der erhofften Umzugswelle aus Belize-City nach Belmopán kam es nicht, so daß die neue Hauptstadt bis heute – abgesehen von den modernen Regierungsbauten – ein Ort mit eher dörflicher Atmosphäre geblieben ist.

Von 1862 an war Belize als British Honduras Teil des britischen Empires und ist heute Mitglied des Commonwealth. Nach jahrzehntelangen Bemühungen der Unabhängigkeitsbewegung unter Führung des Theologen George Price erkannte England 1964 die interne Autonomie des Landes an. George Price wurde zum ersten Premieminister von British Honduras gewählt. Am 1. Juni 1973 nahm das Land den Namen Belize an. Seither wechseln sich die von George Price gegründete, sozialdemokratische People's Unity Party (PUP) und die konservative United Democratic Party (UDP) unter Führung von Manuel Esquivel an der Regierung ab. 1998 gewann die PUP mit ihrem neuen Präsidentschaftskandidaten Said Musa die Wahlen.

Das wichtigste Exportgut von Belize ist offiziellen Angaben zufolge Zucker. Doch es gibt keine Statistik über den Wert der weitverbreiteten Marihuanaproduktion. Zudem fließen große Summen Drogendollar ins Land. Belize ist ein wichtiger Umschlagplatz der kolumbianischen Kartelle.

Die Bevölkerung ist nahezu so ploygl0tt wie die einer Weltmetropole wie New York. Die Kombination von kultureller Vielfalt und jahrzehntelanger politischer Stabilität macht Belize zu einem Ausnahmefall in der Region. Auch die Umweltpolitik des Landes ist außergewöhnlich. Motiviert durch die touristische Attraktivität des Dschungels hat die Regierung weitläufige Gebiete zu Naturparks erklärt. Die Naturschutzmaßnahmen haben dazu beigetragen, daß Belize zu einem beliebten Reiseziel für Abenteuerurlauber geworden ist.

Doch die Stabilität wackelt. Das Vertrauen der Bevölkerung in die beiden großen Parteien ist brüchig geworden. Die Auslandsschulden sind auf über 300 Millionen US-Dollar angewachsen, was bald den Internationalen Währungsfonds mit seinen sozial schwer verträglichen Strukturanpassungsmaßnahmen auf den Plan rufen wird. Die Arbeitslosenrate liegt bei über dreißig Prozent, und die Kriminalität nimmt zu. Das bisher politisch so unspektakuläre Belize könnte in den kommenden Jahren ungewohnte soziale Unruhen erleben.

Vom Zuckerrohr zum Rohzucker

Eine sozialverträgliche Erfolgsstory

Ein Zuckerrohrfeld sieht aus wie eine Wiese mit riesigen Grashalmen. Kurz vor der Erntesaison ragen die grünen Blätter der Pflanze bis zu vier Meter über den Boden. Ein kräftiger Hieb mit der Machete – möglichst nah an der Wurzel – reicht aus, um das Rohr zu fällen. Aus den zurückbleibenden Stümpfen wächst bald eine neue Zuckerpflanze, die im nächsten Jahr geerntet werden kann.

Zuckerrohrfelder im Besitz von Kleinbauern

„Mir gefällt diese Arbeit", sagt Antonio Pat, nachdem er einige hundert Zuckerrohre geschlagen hat. „Es ist zwar eine harte Arbeit, aber mit der Zeit gewöhnst du dich daran. Am Anfang kann es passieren, daß du dir mit der Machete ins Bein schlägst oder daß abends die Schultern vom Tragen schmerzen. Aber nach ein oder zwei Wochen spürst du nichts mehr."

Antonio, Sohn mexikanischer Einwanderer, arbeitet im Norden des mittelamerikanischen Landes Belize auf dem Feld seines Vaters. Anders als in den Nachbarstaaten Mexiko und Guatemala sind in Belize auch die kleinen Zuckerfarmer mit Maschinen und Kränen ausgestattet. „Hier arbeitet fast niemand mehr mit Trägern", erklärt Antonio. „Der Kran kann große Stapel auf den Lastwagen heben, der das Zuckerrohr in die Fabrik bringt."

Trotzdem kommen während der Erntesaison noch immer Heerscharen von Saisonarbeitern aus Guatemala, El Salvador und Honduras nach Belize. Die Löhne dort liegen deutlich höher als in anderen Ländern der Region.

Mittelamerika und die Karibik gehören zu den wichtigsten Zukkerrohranbaugebieten der Welt. Seitdem Christoph Kolumbus im Jahr 1493 von den kanarischen Inseln Setzlinge nach Santo Domingo brachte, hat sich die Pflanze über den ganzen amerikanischen Kontinent verbreitet. Weltweit sind rund 90 Millionen Menschen von der Zukkerproduktion abhängig. In dem kleinen Belize, dem ehemaligen British Honduras, sind es nur einige tausend Familien, trotzdem ist

Rohzucker Belizes wichtigster Devisenbringer. „Für uns wäre es schlimm, wenn wir kein Zuckerrohr mehr verkaufen könnten", meint Antonios Vater Eluterio Pat. „Natürlich könnten wir andere Produkte anbauen, aber an wen würden wir die verkaufen? Hier in Belize gibt es nur die Zuckerindustrie."

Alba Pat, Antonios Mutter, erinnert sich an ihre ersten Jahre in Belize: „Bevor mein Mann mit dem Zuckerrohranbau begonnen hat, haben wir in einer Holzhütte mit einem Dach aus Palmenblättern gewohnt. Erst nach und nach konnten wir genug Geld sparen, um dieses Haus zu bauen." Heute lebt die Familie Pat in einem geräumigen Steinhaus mit Strom und Telefonanschluß. Alle Kinder haben die Grundschule abgeschlossen, und die Enkel spielen mit Spielsachen, von denen ihre Vettern und Cousinen in Südmexiko nicht einmal zu träumen wagen.

Die Geschichte des Zuckers in der Karibik ist befleckt mit dem Blut afrikanischer Sklaven. Auf mehreren Inseln wird Zuckerrohr noch immer auf riesigen Plantagen angebaut, auf denen sich die Lebensbedingungen der Arbeiter und Arbeiterinnen seit dem Ende der Kolonialzeit nicht wesentlich verbessert haben. Belize ist anders. Hier wird die Zuckerrohrwirtschaft von der „Belizian Farmers Association" kontrolliert, einem Zusammenschluß von rund zehntausend Zuckerrohrfarmern, die jeweils nur zwischen 50 und 3000 Tonnen im Jahr anbauen. Der Vorsitzende dieser Institution, Edelfino Key, erläutert: „Die Situation hier ist außergewöhnlich. Ich glaube, nirgendwo sonst in der Welt gibt es so viele kleine Zuckerrohrfarmer. In gewisser Hinsicht ist das ein Nachteil, denn es ist nicht leicht, so viele Leute zu koordinieren. Die Farmer müssen sich in Gruppen zusammenschließen, damit die Transportkosten gemeinsam getragen werden können. Der Vorteil ist, daß das Einkommen aus dem Zuckerrohr unter vielen Familien aufgeteilt wird."

Bis 1970 gehörten große Landstücke in Belizes Zuckeranbaugebiet der englischen Firma Tate and Lyle. Als der Weltmarktpreis für Zucker ins Bodenlose fiel, entschloß sich die Konzernführung, das Land mit günstigen Krediten an lokale Zuckerrohrfarmer und Firmenangestellte zu verkaufen. Durch die Unterstützung der Regierung konnten noch zahlreiche weitere Belizier Land erwerben, so daß heute ein großer Teil des Zuckerrohrs von Kleinbetrieben stammt, deren Besitzer jährlich nur 50 Tonnen produzieren. Edelfino Key erklärt: „Mit dem Profit aus 50 Tonnen Zuckerrohr kannst du nicht überleben. Sie repräsentieren nur einen Teil des Einkommens der Leute. Die meisten bauen auch noch Gemüse zur Selbstversorgung an, und viele arbeiten in der Fabrik."

Eine Fabrik im Besitz der Belegschaft

In der Fabrik wird das Zuckerrohr zu Rohzucker weiterverarbeitet. Zuerst pressen tonnenschwere Gewichte Saft aus dem Rohr. Danach entsteht in Hochgeschwindigkeitszentrifugen, die mit Energie aus den Fasern des Zuckerrohrs betrieben werden, ein braunes Kristall – der Rohzucker. Der braune Zucker aus der Karibik wird in Europa und den USA zu weißem Zucker raffiniert. Den karibischen Ländern fehlt es an Kapital, um eigene Raffinerien aufzubauen.

Ein großer Teil der Profite der Fabrik wird unter den Arbeitern aufgeteilt. Als in den achtziger Jahren die wirtschaftlichen Rahmenbedingungen für Belize besonders schlecht waren, handelten die Arbeiter und das Management einen Verkauf von achtzig Prozent der Firmenanteile an die Belegschaft aus. Günstige Entwicklungen auf dem Weltmarkt ermöglichten eine Schuldentilgung innerhalb von zehn Jahren, so daß die Arbeiter heute jedes Jahr achtzig Prozent der Dividenden erhalten. Der Elektriker Earl Stewart, der seit 29 Jahren in der Fabrik arbeitet, ist stolz auf diesen Erfolg: „Jetzt endlich sehen wir, daß wir etwas zurückbekommen für all die Arbeit, die wir in dieser Firma geleistet haben. Jedes Jahr, sobald die Bilanz ausgearbeitet ist, werden die Dividenden unter den Arbeitern aufgeteilt. Einige bekommen fünf oder sechstausend belizische Dollar (ca. 5000 DM) im Jahr."

Vier Repräsentanten der Belegschaft sind an der Geschäftsführung der Fabrik beteiligt. Sie arbeiten Hand in Hand mit der Gewerkschaft. Deren Vertreter Eduardo Melendez, Gründer der Belize Workers

Union, hält das Modell für vorbildlich: „Ich würde unbedingt sagen, daß dies die Erfolgsstory einer gerechten Sache ist. Die Profite der Zuckerindustrie werden unter den Arbeitern aufgeteilt, so daß sie heute nicht mehr wie früher im Ausland landen, sondern die Deviseneinnahmen von Belize stärken."

Eduardo Melendez weiß aber auch, daß Belize gegenüber seinen mittelamerikanischen Nachbarn einen wesentlichen Vorteil genießt: „Auf unseren Märkten werden wir bevorzugt behandelt. Das ist sehr wichtig für den Erhalt unserer Zuckerindustrie."

Belize – als Mitglied des britischen Commonwealth – profitiert von dem Lomé-Abkommen afrikanischer und karibischer Staaten (AKP-Staaten) mit der Europäischen Union. Durch das Abkommen wird der Export von jährlich über 40.000 Tonnen der belizischen Rohzuckerproduktion zu denselben subventionierten Preisen garantiert, die die EG-Länder an ihre eigenen Landwirte zahlen – etwa das Doppelte des Weltmarktpreises. Im Grunde ist dieses Abkommen grotesk, da die EG selbst der größte Zuckerexporteur der Welt ist und riesige Überschüsse aus Rüben produziert. Quasi wird der gesamte Zucker, der im Rahmen des Lomé-Abkommens von Europa importiert wird, auf dem Weltmarkt zu Niedrigstpreisen reexportiert. Das drückt den Weltmarktpreis und schadet anderen zuckerproduzierenden Ländern. Edelfino Key von der Belizian Farmers Association ist besorgt, daß diese Regelung nicht mehr lange Bestand haben wird: „Die Leute wissen nicht, was passieren wird. Auf dem Weltmarkt sind wir nicht wirklich konkurrenzfähig."

Bei veränderten Marktbedingungen wird Belize die Struktur seiner Rohzuckerproduktion umstellen müssen, um die Kosten zu senken. Die Farmer und Arbeiter hoffen, daß eine Lösung gefunden wird, durch die die derzeitige gerechte Verteilung der Profite erhalten bleibt.

TransFair

Ein Gütesiegel für fairen Handel

Die Deutschen nehmen pro Kopf und Jahr durchschnittlich rund 35 kg Zucker zu sich. Nur ein Viertel davon wird in Form von Haushaltszucker verzehrt. Der andere Teil ist als „Verarbeitungszukker" in Süßigkeiten, Backwaren, Konserven etc. versteckt.

Produkte wie Schokoladen oder Bonbons, die in deutschen Supermärkten verkauft werden und mit dem Siegel TRANSFAIR ausgezeichnet sind, wurden mit Zutaten hergestellt, die zu über 51% Prozent aus fairem Handel stammen. Die Rohstoffe wurden direkt bei den Produzenten zu festgeschriebenen Mindestpreisen gekauft.

TRANSFAIR
Remigiusstraße 21, 50937 Köln

GEPA

Gesellschaft zur Förderung der Partnerschaft mit der Dritten Welt

Die GEPA als Organisation des alternativen Handels arbeitet nach wirtschaftlichen Prinzipien, verfolgt dabei aber soziale Ziele. Handelspartner der GEPA sind Selbsthilfegruppen oder Genossenschaften von Kleinbauern und Handwerkern. Durch ihre Informationsarbeit und den Verkauf von Waren will die GEPA auf die Probleme dieser Menschen aufmerksam machen. Jahrelang wurde auch Honig aus Belize vertrieben. Heute bietet die GEPA fair gehandelten Honig aus Haiti und Uruguay an und verkauft unraffinierten Zucker von den Philippinen.

GEPA, Talstraße 20, 58332 Schwelm

gepa

Multikultur pur

Rastafari und Mennoniten

Mayas, Afrikaner, Latinos, Chinesen, Europäer und Araber – in dem Land Belize, das sich kulturell mehr an Großbritannien und den karibischen Inseln orientiert als an seinen mittelamerikanischen Nachbarn, ist die ethnische Vielfalt so bunt wie die Straßenumzüge an Festtagen.

Die Schwarzen mit der Löwenmähne

Rastafari weht über die Küsten der Karibik – eine Lebensweise, eine Religion, ein Ausdruck schwarzen Selbstbewußtseins. In der modernen Welt, die von Gewißheit und Berechenbarkeit kontrolliert wird, bedeutet Rastafari Veränderung und Widerstand. Die Rastabewegung ist ein Erbe der Sklaverei. Ihre Vorreiter predigten, Gott habe für jede Rasse einen eigenen Kontinent vorgesehen. Doch die weiße Rasse hat Leid und Elend über die Völker gebracht, indem sie Menschen anderer Hautfarben versklavte und unterdrückte. Die schwarzen Völker werden erst dann Frieden finden, wenn sie nach Afrika zurückkehren.

Rastafari entstand zu Beginn der dreißiger Jahre in den Armenvierteln der jamaicanischen Hauptstadt Kingston, wo der schwarze Aktivist Marcus Garvey vom Ursprung allen menschlichen Lebens in Afrika predigte. Er prophezeite, daß die schwarze Rasse – die erste und einstmals mächtigste Rasse der Welt – eines Tages ihre Unterdrückung überwinden und wieder Gottes auserwähltes Volk sein werde. Dem Jamaicaner Garvey wird auch die messianische Prophezeiung zugeschrieben: „Schaut nach Afrika, wo ein schwarzer König gekrönt werden wird."

Als 1930 in Äthiopien Prinz Ras Tafari, der sich als direkter Nachkomme König Salomons bezeichnete, zum „König der Könige, Löwe aus dem Stamm Juda, Auserwählter Gottes, Haile Selassie" gekrönt wurde, sahen viele amerikanische Schwarze in ihm den prophezeiten göttlichen Führer, der sie aus der Diaspora zurück nach Afrika führen werde. Doch zu einer massiven Rückkehr nach Afrika kam es nie. Im Laufe der Jahrzehnte haben sich äußerliche Merkmale der Rastabewegung wie Reggaemusik, Kunst und Haartracht weiter verbreitet als religiöse Glaubensinhalte. Rasta ist zu einem modischen Stil geworden mit dem legendären Reggaesänger und Rastagläubigen Bob Marley als Kultfigur und der ungekämmten Löwenmähne als unverwechselbarem Erkennungsmerkmal.

Ras Lion, ein überzeugter Rasta in der kleinen belizischen Stadt San Ignacio, wäscht sein Haar täglich. Er schneidet es aber nie. Und er kämmt es auch nicht – so entstehen die langen, wilden Zöpfe seiner Rastamähne. Der Medizinmann Ras Lion hält Bob Marley für einen Propheten der Rastareligion: „Bob war ein cooler Typ. Ich habe ihn geliebt. Er war ein Revolutionär, und ich vermisse ihn. Aber ich weiß, daß er noch immer da ist. Er ist glücklich. Er ist ein Teil von Rastafari. Reggae ist eine großartige, starke, spirituelle Musik. Sie hat eine heilende Botschaft für alle Menschen und Nationen. Die Worte des Reggae sind Gottes Worte, und Bob Marley war Gottes Sprachrohr. Reggae hat der Welt schönere und süßere Töne gebracht als jede andere Musik."

Bob Marley starb am 11. Mai 1981 an Krebs. Er wußte seit fünf Jahren von seinem Leiden, ignorierte aber die Ratschläge seiner Ärzte. Die notwendige Chemotherapie hätte ihn die Locken seiner Löwenmähne gekostet. Marley war überzeugt: „Rastafari, der lebendige Gott, seine Majestät Haile Selassie, König der Könige, Erbe des Throns Salomons – er wird mich heilen oder er wird mich in sein Königreich bringen."

In Amerika und Europa war Bob Marley einer der erfolgreichsten Musiker seiner Zeit. Auch junge Weiße waren fasziniert von seiner ethnisch-politischen Botschaft und dem pulsierenden Reggae-Beat.

In seiner Heimat Jamaica war er sowohl Rockstar als auch Volks-

held, der es schaffte, der Gettojugend von Kingston ein schwarzes Selbstbewußtsein zu geben. Und rund um die Welt – von den Metropolen Japans bis zu kleinen Dörfern in Afrika – hatten Millionen Menschen ihre eigenen, besonderen Gründe, Bob Marley als Magier des Reggae oder als Propheten Rastafaris zu verehren.

Als Marley 1978 zum erstenmal selbst nach Afrika kam, sah er dort dieselben Slums und hungrigen Gesichter, die er in Jamaica zurückgelassen hatte. Er sah dieselbe korrupte Führungsschicht, die über dem Elend tronte. Es war das Afrika, in dem bis dahin nicht ein einziger moderner Führer friedlich und demokratisch vom Volk abgewählt worden war. Der Medizinmann Ras Lion erläutert: „Afrika ist die erstgeborene aller Nationen. Äthiopien ist die Wiege der Menschheit. Das ist ein Teil der Rastabotschaft. Warum Afrika? Weil dort unsere Vorfahren geboren wurden. Jede Nation dieser Welt ist mit Afrika verwandt – auch England, auch Deutschland. Nordamerika, Südamerika. Sie alle sind mit Afrika verbunden durch das Erbe ihrer Vorfahren."

Marley betrat das kriegsgeschüttelte Äthiopien von Kenia aus. Dort erfuhr er, daß Haile Selassie, der Mann, den er als Gott verehrte, wenig glorreich gestorben war. Sein Leichnam lag verscharrt in einem Grab ohne Namen. Kein einziges Denkmal erinnerte an den Diktator, der ein Leben in dekadentem Reichtum geführt hatte. Viele Äthiopier erinnerten sich mit offenem Zorn an ihren verstorbenen Herrscher. Auf dem schwarzen Kontinent konnte die Botschaft der Rasta-Bewegung nicht überzeugen. In Amerika aber bezeichnen sich bis heute Hunderttausende Schwarze – von der Bronx bis Rio de Janeiro – als Rasta.

Eine dieser Rasta-Anhängerinnen ist Nian Tolo, die nahe der belizischen Kleinstadt Dangriga auf einer Farm lebt. Sie erzählt, warum die Rastabotschaft so bedeutsam für sie ist: „Als Kind bin ich immer wieder mit der Vorstellung eines weißen, blauäugigen Gottes konfrontiert worden, ohne zu verstehen, was dieser Gott mit mir zu tun hat. Erst durch Rastafari habe ich die Wahrheit erkannt. Dieser weiße Mann, den die Welt als Gott bezeichnet, ist es nicht für mich und mein Volk, denn mein Volk ist noch immer nicht glücklich in dieser Welt."

Rastafari als Religion gründet sich auf einer Auslegung der Bibel aus afrikanischer Sicht, nach der die Schwarzen in Amerika in Verbannung leben, genauso wie die Hebräer nach der Zerstörung Jerusalems durch die Babylonier. Im Wortschatz der Rastas steht „Babylon" für Sklaverei, Unterdrückung und Rassismus. Ihre Gottesdienste sind informelle Zusammenkünfte, in denen die Anwesenden über Werte, Wahrheit und ihre Geschichtsinterpretation diskutieren. Dabei wird *ganja,* Marihuana, geraucht, um Geist und Seele zu öffnen. „Marihuana ist keine Droge, sondern eine einfache Pflanze", sagt der Medizinmann Ras Lion. Doch auch er weiß, daß Drogenkriminalität und der Konsum harter Drogen gerade unter Jugendlichen, die sich als Rastas bezeichnen, besonders verbreitet sind. In breitem, kreolischen Englisch erklärt er: „Rastabusiness hasn't got nodin to do wid drugsbusiness – Rasta hat nichts mit Drogen zu tun. Aber ich habe kein Recht, mit dem Finger auf Leute zu zeigen, die abhängig sind. Wenn sich ein Rastamann mit Drogen einläßt, ist das der Wille Gottes."

So ein drogensüchtiger Rasta ist der dreißigjährige Ras Juda. Während er im hellen Mondschein am Strand von Belize-City an einer kleinen Pfeife saugt, fallen ihm die langen Zöpfe seiner Mähne weit über die Schultern. Er raucht winzige Klümpchen Crack, das Kokain der Armen. „Früher war ich Musiker", erzählt Ras Juda mit zittriger Stimme und glasigen Augen. „Heute habe ich keine feste Arbeit mehr. Ich suche mir immer neue Jobs, um Geld für Crack zu bekommen. Machmal bettele ich auch. Ich sage, ich sei hungrig, aber in Wirklichkeit brauche ich Crack. Ich fühle mich elend und würde am liebsten aussteigen. Aber ich schaffe es nicht."

Die belizische Gesellschaft erlebt seit einigen Jahren eine Welle der Jugendkriminalität. Besonders unter den Schwarzen wachsen viele Kinder ohne ihre Eltern auf, die in die USA gezogen sind, auf der Suche nach einer besseren Zukunft. Annähernd 40.000 Belizer leben in Los Angeles und New York. Teile der jungen Generation, die in Belize zurückgeblieben sind und mit der Konsumbotschaft der Medien bombardiert werden, schließen sich organisierten Banden an, die von Drogenhändlern kontrolliert werden. In dieser Situation könnte Rastafari eine Alternative bieten. Die Bewegung stärkt das schwarze Selbstbewußtsein. Mervyn Lambey, ein schwarzer Journalist aus Belize-City, der mehrfach über die Rastas berichtet hat, meint: „Rastafari kann eine Orientierungshilfe für junge Schwarze sein. In dieser Stadt, in der es nur wenige positive schwarze Vorbilder gibt, fühlen sich viele junge Leute verloren. Ich glaube, die Rastabewegung besitzt alle Voraussetzungen, um jungen Schwarzen neue Hoffnung geben zu können."

Für viele Belizer ist die Bezeichnung Rasta gleichbedeutend mit schwarzen, drogensüchtigen Kriminellen in den Gettos von Belize-City. Vince Johnson, ein altgedienter Rasta, der 15 Jahre lang in Harlem, New York, gelebt hat, erklärt, wie dieses Vorurteil zustande kommen konnte: „Es stimmt: Rastas leben vor allem im Getto. Die meisten Rastas sind arme Leute, die leiden. Reiche Leute leben nicht im Getto."

Mit dem religiösen Ursprung der Bewegung haben diese Entwicklungen nur noch wenig gemein. Traditionelle Rastas verweigern sich dem Kommerz der Welt der Weißen. Sie leben als Farmer und Selbstversorger auf dem Land, trinken keinen Alkohol, essen kein Fleisch und pflegen einen alternativen Lebensstil, so wie Nina Tolo, die auf ihrer kleinen Farm Obst und Gemüse anbaut: „Früher habe ich mich verloren gefühlt. Ich habe mich gefragt, warum mein Volk so sehr leidet. Warum sind wir in den Gefängnissen, drogensüchtig, mit kaputten Familien? Rastafari hat mir gezeigt, daß all dies in der Bibel vorausgesagt wurde. Für mein Volk ist die Apokalypse wahr geworden. Doch eines Tages werden wir das Elend und die Krankheit überwinden. Diese Aussicht gibt mir Hoffnung."

Die Blonden mit den Pferdewagen

Eine andere schillernde Gruppe im ethnischen Mosaik von Belize sind die Plattdeutsch sprechenden Mennoniten.

„Als sie dann nach einer zehntägigen Reise bei unserem Belize-Fluß ankamen, wo weder Brücke noch Fähre zu sehen waren, und am anderen Ufer der dunkle, unheimliche Wald mit seinen fremden Lauten, wo sicherlich große Schlangen und Jaguare sich versteckt hielten, dann haben sie vielleicht an IV. Mose 14, Vers 3 gedacht, wo es heißt: ‚Warum führt uns der Herr in dies Land, daß wir durchs Schwert (tropische Krankheiten) fallen und unsere Weiber und Kinder ein Raub werden? Ist's nicht besser, wir ziehen wieder nach Ägypten?'"

Mit diesem unfreundlichen Eindruck beginnt ein Bericht über die Pionierjahre der Mennoniten in British Honduras, dem heutigen Belize. Die ersten Angehörigen der mennonitischen Friedenskirche kamen im Jahr 1958 aus ihrer Mutterkolonie in Mexiko nach British Honduras, auf der Suche nach Land für eine neue Siedlung. Vierzig Jahre später ist der Dschungel gerodet und die Not überwunden. Heute sind die rund sechstausend Mennoniten in Belize erfolgreiche Farmer, die das ganze Land mit Hühnerfleisch, Eiern, Mais und Holzmöbeln versorgen.

Doch die mennonitische Gemeinde in dieser kleinen Nation ist gespalten. Zwei ihrer Kolonien, Spanish Lookout und Barton Creek im Westen von Belize, liegen nur wenige Kilometer voneinander entfernt, doch das Leben der beiden Gemeinden scheint sich in verschiedenen Jahrhunderten abzuspielen. Die Mennoniten von Spanish Lookout arbeiten auf ihren Feldern mit modernen Landwirtschaftsgeräten, in ihren Häusern haben sie Telefone und Radios und im Dorf gibt es Automechaniker, die als die zuverlässigsten im ganzen Land gelten. Ihre Glaubensbrüder in Barton Creek hingegen leben ohne Strom und Motoren. Sie pflügen ihre Äcker mit Ochsen und fahren in Pferdewagen über die holprigen Sandwege der Kolonie.

Die konservativen Mennoniten von Barton Creek sind gastfreundliche, herzliche Leute. Aber auf ein Interview mit Mikrofon und Rekorder wollen sie sich nicht einlassen. „Solche modernen Gerätschaften unterstützen wir nicht“, erklärt der Prediger Ben Penner durch

seinen langen Bart hindurch – die Eitelkeit des Rasierens, so meint er, mißfalle dem Herrgott. Ben Penners Familie lebt umgeben von Hühnergehegen und Gemüsegärten in einem Holzhaus, das mit seiner tikkenden Standuhr und den scheibenlosen Fenstern mehr wie ein Museum anmutet als wie eine Unterkunft für eine Familie mit vierzehn Kindern. Ben Penner meint: „Eine Anpassung der Gemeinde an die moderne Welt tut nicht Not." Einflüsse von außen werden gemieden, weil „Gott immer da ist, allsehend, allwissend."

Auch die Glaubensbrüder in Spanish Lookout werden gemieden, denn „es ist eine Gefahr für die Gemeinde, wenn wir ihre Überzeugung anhören. Sie streben zuviel nach den Dingen der Welt."

Viele der fortschrittlichen Mennoniten in Spanish Lookout haben großen Respekt vor dem einfachen, bescheidenen Lebensstil ihrer konservativen Nachbarn in Barton Creek, so auch der Schullehrer Bernhard Reimer: „Sie halten es, wie es einmal war. Ich denke, sie sind sehr friedliche Leute mit weniger Problemen. Die meisten haben ein gutes Wegkommen. Sie haben gute Einnahmen und nicht soviel Schwierigkeiten mit Schulden und nämlichem."

Auf den Straßen der einstmals britischen Kolonie Belize fallen die Mennoniten nicht nur wegen ihrer strohblonden Kinder und altmodischen Kleider auf. Inmitten einer vorwiegend englisch- und spanischsprachigen Umwelt sprechen sie untereinander beharrlich Plattdeutsch. „Die unsrigen Leute sprechen Plattdeutsch", bestätigt der Lehrer Bernhard Reimer. „Sie haben alle auch das Hochdeutsche gelernt, aber die meisten sind etwas schüchtern. Sie lieben das Hochdeutsche nicht zu sprechen. Viele von den unsrigen wollen das Hochdeutsche überhaupt nicht mehr sprechen, nur noch Englisch. Sie meinen, sie haben keinen Umgang mit Deutschen und deshalb sei das Hochdeutsche für sie nicht nützlich."

Die mennonitische Kirche entstand im sechzehnten Jahrhundert unter Führung des ehemaligen katholischen Priesters Menno Simons. Heute werden die Mennoniten – neben den Quäkern und der Brüderkirche – als eine der drei historischen Friedenskirchen bezeichnet. In ihrer ursprünglichen Lehre bekennen sie sich zum Pazifismus. Noch heute lehnen sie Krieg als Mittel der Auseinandersetzung ab, auch wenn viele Mennonitengemeinden in dieser Frage die Gewissensentscheidung des einzelnen respektieren.

Die Mennoniten sind in der ganzen Welt als erfolgreiche Pioniere unbewohnter Gebiete bekannt. In ihrem von puritanischer Ethik geprägten Arbeitseifer verurteilen sie weltliche Freizeitgestaltungen wie Sport und Feste, soweit diese nur dem Spaß und nicht der Erholung von der Arbeit oder als Gottesdienst dienen. Der wirtschaftliche Erfolg eines Christenmenschen zeigt, wie sehr er von Gott geliebt wird. Daß diese strenge Lebensanschauung nicht selten zu Konflikten zwischen den Generationen führt, weiß auch Arthur Friesen, einer der Prediger von Spanish Lookout: „Die Jugend treibt manchmal unablässig Ballspiele. Einige der Älteren sehen das nicht für gut an, zumindest nicht, wenn es sehr häufig passiert. Gut wäre es nur dann, wenn eine Familie zusammen spielt, denn das verbindet die Altersstufen."

Anstatt sich die Zeit leichtfertig mit Ballspielen zu vertreiben, sollten sich die jungen Leute mehr dem Bibelstudium widmen. „Wir pflegen das innerliche, geistliche Glaubensleben und glauben fest an das Wort Gottes, wie es in der Bibel steht", sagt Arthur Friesen. „Danach ist die Zeit, die ein Mensch auf dieser Welt lebt, nur sehr kurz im Vergleich zur Ewigkeit. Es gibt eine Belohnung und eine Strafe, demnach wie man gelebt hat. Deshalb denken wir, es ist wichtig, wie wir in dieser kurzen Zeit auf der Erde leben."

Nach den ersten mühsamen Pionierjahren in Belize haben sich die

Bewohner der Kolonie Spanish Lookout heute mit ihren Autos und Traktoren so sehr auf die moderne Welt eingelassen, daß dort gleich drei Ölkonzerne die größten Tankstellen der Gegend eröffnet haben. Heute wissen die fortschrittlichen Mennoniten sogar die Vorzüge von Computern zu schätzen. Doch in anderen Lebensbereichen unterscheiden sie sich nur wenig von der konservativen Gemeinde in Barton Creek. „Bei uns sind die Frauen den Männern untertan", sagt Arthur Friesen, einer der Prediger von Spanish Lookout. „Viele Menschen meinen, die Mennonitenfrauen seien Sklaven der Männer. Aber so ist das nicht. Die Männer sind Haupt der Familie, sie haben Verantwortung für das Heim. Die Frauen und Kinder dürfen sich nicht darum sorgen müssen, ob sie zu essen haben werden." Seine Frau Tina bestätigt: „Wir glauben, daß die Frau dem Mann untertan sein soll. Aber die meisten tun es mit Freuden. Sie fühlen sich sicher unter dem männlichen Schutz. Ich bin glücklich mit der Anleitung meines Mannes. Ich möchte es nicht anders haben."

Eine Ausnahme dieser Regel ist die Hebamme und Apothekerin der konservativen Kolonie, Iva Gantner. Sie hat sogar ein Funktelefon in ihrer kleinen Klinik versteckt – für Notfälle. „Das darf die Gemeinde aber nicht wissen. Die Brüder und Schwestern wären dagegen."

Während der Vorbereitung einer Geburt gibt Iva Gantner den werdenden Müttern keine Medikamente, sondern Kräuter und Tees. Bei der Geburt benutzt sie dann nur „ein Stethoskop, um das Herz zu horchen, einen Blutdruckmesser und eine Klemme, um die Nabelschnur abzuklemmen. Das ist meist alles."

Und das funktioniert?

„Gewöhnlich ja. Manchmal bluten die Frauen sehr stark. Dann nehme ich grüne Bananen und reibe sie fein. Das mische ich mit Wasser und gebe es der Frau löffelweise zu trinken. Das stillt das Blut."

Iva Gantner kuriert ihre Patientinnen und Patienten auch von Gallensteinen und Schlangenbissen. Außerdem behauptet sie steif und fest, daß sie mit ihren natürlichen Heilmethoden ebenso Leiden wie Krebs und Nierenschäden heilen kann.

Die belizischen Nachbarn der Umgebung respektieren die Mennoniten als vorbildliche Gesellschaftsmitglieder. „Wenn du eine schwierige Zahnbehandlung brauchst, dann gehst du nach Spanish Lookout", meint Edvin Monroy, Stadtrat in dem nahegelegenen Ort San Ignacio. „Die Mennoniten haben die besten Zahnärzte mit den günstigsten Preisen. Ihre Kolonien haben einen sehr positiven Einfluß auf Belize, insbesondere auf die finanzielle Situation des Landes. Während sich die meisten Belizier verschulden, sind es die Mennoniten, die die größten Bankkonten haben. Sie arbeiten zusammen und unterstützen sich gegenseitig. Ihr Beispiel tut unseren Leuten sehr gut."

EL SALVADOR

Fläche	21.040 km²
Bevölkerung	ca. 6.000.000 Einwohner
Hauptstadt	San Salvador (ca. 1.500.000 Einwohner)
weitere Städte	San Miguel (250.000), Santa Ana (160.000)
Währung	Colón
Pro-Kopf-Einkommen	1320 US-Dollar/Jahr
Index der menschlichen Entwicklung	Platz 107

Nahuatl ist die einzige indigene Sprache, die bis heute in El Salvador überlebt hat. Sie wird nur noch in wenigen Gemeinden gesprochen. Vor der Kolonisierung gehörten die meisten Bewohner der Region den Völkern der Lenca und Pipile an. 1525 gründete der spanische Eroberer Pedro de Alvarado die Stadt El Salvador de Cuscatlán und machte das Territorium als Teil von Guatemala zu einer abhängigen Provinz Mexikos.

Drei Jahrhunderte später brach die mittelamerikanische Föderation auseinander. 1839 wurde El Salvador zu einer unabhängigen Nation. In den folgenden Jahrzehnten versuchten britische Kolonisten, das Land zu kontrollieren, doch schon zum Ende des neunzehnten Jahrhunderts wurden sie von den USA verdrängt. Zur gleichen Zeit verlor El Salvadors wichtigstes Exportprodukt – der natürliche Farbstoff Indigo – auf Grund der Erfindung artifizieller Färbungsmittel seinen Wert. Doch schon wenige Jahre später erreichte Kaffee eine noch größere Nachfrage auf dem Weltmarkt. Besitzer von Kaffeeplantagen wurden zur dominierenden Oligarchie innerhalb der salvadorianischen Gesellschaft.

Während der internationalen Finanzkrise von 1929 fielen die Kaffeepreise ins Bodenlose. Die landlosen Saisonarbeiter und Bauern unter Führung des Revolutionshelden Farabundo Martí forderten eine gerechte Verteilung des fruchtbaren Landes. Die als „das große Massaker von 1932" in die Geschichte eingegangene Niederschlagung des Aufstands zerstörte für Jahrzehnte jegliches Potential bäuerlichen Widerstands. Dem hemmungslosen Schlachten der Armee fielen 30.000 Menschen zum Opfer.

In den folgenden drei Jahrzehnten erlebte die salvadorianische Wirtschaft ein beachtliches Wachstum, von dem jedoch nur ein kleiner, privilegierter Teil der Gesellschaft profitierte. Erst zu Beginn der siebziger Jahre kam wieder Bewegung in die Aktivitäten der Gewerkschaften und Bürgerrechtsgruppen. Die zivilen Oppositionsparteien schlossen sich zu einer gemeinsamen Front aus Christdemokraten, Kommunisten und Sozialdemokraten zusammen. Nachdem diese Koalition 1972 und 1977 zweimal durch Wahlbetrug an der Machtübernahme gehindert worden war, kam es zu Massenprotesten. Wieder reagierten die Militärs mit brutaler Gewalt. Siebentausend Menschen starben.

Das Ende der legalen politischen Opposition stärkte die bewaffneten Guerillaeinheiten. Die USA befürchteten eine Wiederholung der Situation in Nicaragua, wo die revolutionären Sandinisten 1979 die Macht übernommen hatten. Die Washingtoner Regierung unterstützte einen erfolgreichen Putsch reformorientierter Offiziere, deren Junta jedoch nie eine effektive Kontrolle über den rücksichtslosen Repressionsapperat der Polizei und verschiedener Militäreinheiten ausüben konnte.

Im Oktober 1980 schlossen sich fünf politisch-militärische Oppositionsverbände zur Nationalen Befreiungsfront Farabundo Martí, FMLN, zusammen. Zehn Monate später gelang den Guerilleros eine landesweite „Generaloffensive", die jedoch nicht zum Sturz des Militärregimes führte. Die US-Regierung unter Ronald Reagan interpretierte die Lage in El Salvador als Gefahr für die nationale Sicherheit der USA und machte die US-Militärhilfe zum wichtigsten Element im Kampf der salvadorianischen Armee gegen die Rebellen. US-Militärberater und Ausbilder führten in El Salvador einen sogenannten „Krieg niedriger Intensität", bei dem wenige US-amerikanische Soldaten ums Leben kamen, der jedoch Zehntausende salvadorianische Zivilisten das Leben kostete. Eines dieser Opfer war Oscar Romero, Erzbischof von San Salvador und eloquenter Verteidiger der Menschenrechte. Er wurde am 24. März 1980 von Angehörigen einer Todesschwadron ermordet. Die Botschaft war eindeutig: Wer sich aktiv und öffentlich gegen die Politik der Regierung und die Brutalität der Streitkräfte ausspricht, der wird bestraft.

Zu einer zeitweiligen Feuerpause kam es erst, als 1986 ein Erdbeben schwere Zerstörungen anrichtete. Wenig später nahmen Delegationen der beiden kämpfenden Parteien Verhandlungen auf. Dies geschah im Rahmen des Friedensprozesses, den fünf mittelamerikanische Staatsoberhäupter im August 1987 im guatemaltekischen Esquipulas eingeleitet hatten.

Im November 1989 bewies die FMLN mit einer landesweiten Offensive ihre anhaltende Stärke und überzeugte die USA davon, daß der Krieg nicht mit militärischen Mitteln beendet werden könne. Guerillaeinheiten besetzten mehrere Stadtteile der Hauptstadt, woraufhin die Armee skrupellos einige Armenviertel bombardierte. Wenig später wurden sechs jesuitische Professoren auf dem Gelände der katholischen Universität UCA ermordet. Sie waren Fürsprecher des Verhandlungsprozesses und intellektuelle Köpfe der von der Befreiungstheologie inspirierten Basisgemeinden.

Am 16. Januar 1992 – nach zwölf Jahren Bürgerkrieg – wurde der endgültige Friedensvertrag zwischen Regierung und FMLN in Chapultepec, Mexico, unterschrieben. Daraufhin konstituierte sich die FMLN als politische Partei und erhielt 1994 bei den Präsidentschaftswahlen 25,5 Prozent der abgegebenen Stimmen. Sieger der Wahl und neuer Präsident wurde der Kandidat der rechten ARENA-Partei, Calderón Sol, dessen Regierung mehrfach von den Vereinten Nationen für die langsame Umsetzung der Friedensverträge kritisiert wurde.

Bei den Wahlen 1999 blieb die FMLN wieder abgeschlagen zurück. Ihr Wahlkampf war bestimmt von internen Streitigkeiten zwischen einem sozialistischen und einem sozialdemokratischen Flügel. Die ARENA gewann überraschend eindeutig mit 52 Prozent. Der neue Präsident Franzisco Flores bekam jedoch nicht mehr als 590.000 Stimmen, da nur 37 Prozent der eingeschriebenen Wähler ihre Stimme abgaben.

Eine frohe Botschaft für die Armen

Was ist aus der Befreiungstheologie geworden?

Nur zweimal am Tag fährt ein Güterzug über die Gleise im Osten der Hauptstadt San Salvador. Die Bahntrasse wird an einigen Stellen von ehemaligen Kriegsflüchtlingen bewohnt, deren ärmliche Behausungen aus Holzplatten und Abfall keine zwei Meter von den Gleisen entfernt stehen. Das Gelände gehört der Bahngesellschaft, die schon bald eine Räumung anordnen könnte. Aber wohin sollten die Menschen gehen?

Repression statt Veränderung

Wenn der Lokführer die Einfahrt des Zugs durch ein lautes Signal ankündigt, laufen barfüßige Kinder durch provisorische Abwasserrinnen zu ihren Müttern, während sich die Ratten in ihre Löcher unter den Betten der Familien verkriechen. Der Generalvikar des Erzbistums von San Salvador, Modesto Lopéz, hat sich an die soziale

Not seiner Landsleute gewöhnt: „Es hat immer diejenigen gegeben, die das Kapital besitzen, und es wird immer arme Leute geben." So als sei die Armut gottgewollt.

Eine solche Auffassung lehnt der deutsche Dominikanerpater Gerhard Pöter vehement ab. Seit fünfzehn Jahren arbeitet er mit den ärmsten Bevölkerungsgruppen El Salvadors: „Die Armen müssen an ihren Wert glauben. Die Botschaft des Evangeliums richtet sich an die Benachteiligten, an die, die am Rand leben, die an den Rand gedrängt werden. Wenn man hier lebt, merkt man auf Schritt und Tritt, wie die Leute sich selber abwerten und wie sie durch das System, in dem sie leben, abgewertet werden. Die frohe Botschaft lautet: Ihr seid Gottes geliebte Kinder. Ihr seid nicht der letzte Dreck, irgendwelcher Abfall. Ihr habt eine große Bedeutung."

Die salvadorianische Gesellschaftsordnung, die den Armen keinen Ausweg aus ihrem Elend bietet, war die Ursache für einen zwölf Jahre lang andauernden Bürgerkrieg, der 80.000 Menschen das Leben gekostet hat. Die Armee reagierte mit brutaler Gewalt auf die Forderungen der Gewerkschaften nach höheren Löhnen und auf den bewaffneten Kampf der Guerilla. Generalvikar Modesto Lopéz meint: „Die Guerilla hat Krieg gesät und Krieg geerntet. Die Armee mußte die Nation verteidigen."

Diese Sicht können die meisten Opfer der Gewalt nicht teilen. Hilda Certerón, ein Mitglied der Gemeinde von Gerhard Pöter, hat während des Kriegs sechs Jahre lang auf der Flucht in den Bergen gelebt. Sie erzählt: „Die Soldaten haben nicht einmal hingeschaut, ob Kinder oder Erwachsene umkamen. Die jungen Rekruten mußten Drogen nehmen, damit sie bei ihren Einsätzen mehr Mut und weniger Skrupel hatten. Von ihren Vorgesetzten hörten sie nur, sie würden Kollaborateure der Guerilla töten, Söhne und Töchter von Kommunisten."

Nach dem Krieg hat eine Wahrheitskommission, die von den Vereinten Nationen, der Guerillaorganisation FMLN und der salvadorianischen Regierung unterstützt wurde, einen Bericht vorgelegt, der die Armee für den überwiegenden Teil der Kriegsverbrechen und Menschenrechtsverletzungen in El Salvador verantwortlich macht. Wenige Tage nach der Veröffentlichung des Berichts wurde eine Amnestie erlassen, die den Tätern Straffreiheit zusicherte. Die Direktorin des Rechtshilfebüros der katholischen Kirche, Maria Julia Hernandez, ist empört über diese Entscheidung: „Der Erlaß des Amnestiegesetzes ist das beschämendste Ereignis in der Geschichte El Salvadors. Anstatt die Verantwortlichen für die grausamen Kriegs-

verbrechen vor Gericht zu stellen, wurde die Straffreiheit in El Salvador zementiert."

Doch in den oberen Etagen der Amtskirche El Salvadors wird von Versöhnung gesprochen. Erzbischof Fernando Sáenz Lacalle möchte die Wogen glätten: „Wir müssen Ruhe bewahren, um des Friedens willen. Auch wenn ein Verbrechen nicht bestraft wird, müssen sich die Täter doch vor Gott verantworten. Vielleicht gibt es in dieser Welt keine Gerechtigkeit, bestimmt aber in der anderen."

Mit dieser Position kann sich die Menschenrechtsbeauftragte Maria Julia Hernandez nicht abfinden: „Die Reichen und Mächtigen in diesem Land haben den Kopf in den Sand gesteckt, um die grausamen Geschehnisse nicht sehen zu müssen. Nachher haben sie die scheinheilige These der Versöhnung und des Vergessens verbreitet. Aber es ist unmöglich, ein Verbrechen zu vergeben, wenn die Wahrheit nicht aufgeklärt wird, wenn die Schuldigen nicht angeklagt werden und wenn die Opfer keine Entschädigung bekommen."

Märtyrer der Armen

Zu den bekanntesten Opfern des salvadorianischen Bürgerkriegs gehören die sechs Pater der Jesuitenuniversität UCA, die am 16. November 1989 in ihrer Gemeinschaftswohnung auf dem Universitätsgelände regelrecht hingerichtet wurden. In Armeekreisen galten sie als intellektuelle Köpfe der Guerilla. Das Massaker war vom Generalstab beschlossen und von der Elitetruppe Atlacatl durchgeführt worden. Diese Einheit hatte kurz zuvor an Kursen US-amerikanischer Militärberater teilgenommen.

In der freundlichen Atmosphäre des UCA-Campus studieren heute rund 8.000 Studenten, vorwiegend Kinder der wohlhabenden Schicht des Landes. Die gut ausgestatteten Fakultätsgebäude sind umgeben von hübschen Gärten, in denen sich nach den Seminaren junge Paare treffen und eine Weile lang den Lehrbetrieb vergessen. Etwas abseits von den Hörsälen liegt das Pastorale Zentrum der Universität, in dessen Vorgarten die Leichen der sechs Professoren gefunden wurden. Der Theologe Jon Sobrino lebt noch immer in denselben Wohnräumen wie damals. Er hat das Massaker überlebt, weil er kurz zuvor zu einem Besuch nach Thailand abgereist war: „Natürlich war es ein Schock", erinnert er sich. „In Thailand haben wir sofort eine Messe gehalten, in der ich von einer traurigen Nachricht sprach: Diese grausame, brutale Welt hat wieder gute Menschen getötet. Aber ich hatte auch positive Dinge zu berichten: Diese Menschen werden uns immer ein Vorbild sein. Sie haben nicht für Geld gelebt oder für Ruhm, sondern sie haben auf der Seite der Armen und Unterdrückten gestanden."

Die ermordeten Jesuiten gehörten zu den prominentesten Vertretern der Befreiungstheologie, einer Theologie lateinamerikanischen Ursprungs, die alle Christen dazu aufruft, die soziale und politische Realität aus der Sicht der armen und benachteiligten Bevölkerungsschichten zu betrachten und diese in ihrem Befreiungskampf zu unterstützen. Die Befreiungstheologie identifiziert die reichen Länder des Nordens als Komplizen der ausbeutenden Eliten des Südens und sieht es als die christliche Aufgabe der mächtigen Gruppen der Gesellschaft an, eine Haltung sozialer Gerechtigkeit und Solidarität gegenüber den Machtlosen einzunehmen.

Doch nicht nur Amtsträger der katholischen Kirche verteidigen die Positionen der Befreiungstheologie. Auch Medardo Goméz, Bischof der salvadorianischen Lutheraner, orientiert sein pastorales Handeln an den Bedürfnissen der Armen: „Die Befreiungstheologie ist eine Antwort für die Opfer. Gott sagt eindeutig: ‚Ich stehe auf eurer Seite, ich höre eure Rufe.' Während des Kriegs war das eine gefährliche Sache. Die Fürsprecher der Befreiungstheologie wurden als Kommunisten bezeichnet. Viele Christen sind in den Untergrund gegangen, auch Pastore. Sie schlossen sich dem bewaffneten Kampf an, weil sie aus christlicher Überzeugung heraus den Befreiungskampf als gerecht ansahen."

Der wohl bekannteste Protagonist der Befreiungstheologie in El Salvador war Monseñor Oscar Romero. Der anfangs moderate, passive Erzbischof wandelte sich während seiner Amtszeit zu einem charismatischen Fürsprecher der Armen und heftigen Kritiker der Oligarchie. Seine wöchentlichen Messen, in denen er den Terror der Armee anklagte und soziale Veränderungen forderte, machten ihn zu einem Helden der Massen: „Wer sich als Katholik bezeichnet und gleichzeitig Reichtum hortet, ohne zu teilen, der ist kein wahrer Christ."

In seiner letzten Sonntagspredigt rief Romero die Soldaten dazu auf, die Befehle ihrer Vorgesetzten zu mißachten und durch ihren Ungehorsam die Repression zu beenden. Die Armeeführung befürchtete, der Erzbischof könnte sich an die Spitze eines Volksaufstandes stellen. Am 24. März 1980 wurde er auf Anweisung des mächtigen Generals Roberto D'Aubuisson erschossen. Die Trauerfeier, an der über 100.000 Menschen teilnahmen, endete mit einem Massaker durch die Polizei: fünfzig Menschen starben.

Heute bemüht sich der katholische Kirchenapparat nicht mehr sonderlich um die Bewahrung der Botschaft Romeros. Der derzeitige Erzbischof Sáenz Lacalle, einer der Nachfolger Romeros in diesem Amt, hat die Befreiungstheologie als ein Relikt der Vergangenheit abgeschrieben. „Ich würde sagen, sie ist aus der Mode gekommen. Jedenfalls gibt es heute nicht mehr viele Leute, die sie verteidigen."

Der deutsche Pater Gerhard Pöter bedauert diese Haltung der

derzeitigen Kirchenoberen: „Wir können nicht von Gott sprechen und gleichzeitig einverstanden sein mit dieser Welt, in der jeden Tag zwanzigtausend Kinder verhungern. Jemand, der damit einverstanden ist oder der einverstanden ist mit einem Wirtschaftssystem, das diese Situation produziert, oder der einfach nicht darüber redet oder der nichts über die Ursachen wissen will, der leugnet die Existenz Gottes."

Interview mit dem Jesuitenpater Jon Sobrino

Jon Sobrino, Theologieprofessor an der UCA-Universität, war ein persönlicher Freund Oscar Romeros. Er ist einer der bekanntesten Vertreter der lateinamerikanischen Befreiungstheologie, zu deren theoretischen Entwicklung er maßgeblich beigetragen hat.

Sobrino: Die Befreiungstheologie findet sich nicht in Büchern. Sie ist eine theoretische und praktische Haltung im Angesicht der Unterdrückung. Es begann mit einer Bewegung, mit Menschen, die in den sechziger und siebziger Jahren gesagt haben: „Die Welt lebt mit einer großen Sünde. Die Bedürftigen und Unterdrückten sterben langsam oder gewaltsam. An Gott zu glauben bedeutet, sich mit den Unterdrückten zu solidarisieren." An dem Tag, an dem es keine Unterdrückung mehr gibt, macht es keinen logischen und linguistischen Sinn mehr, von Befreiung zu sprechen.

Frage: Wie sehr hat der Marxismus die Befreiungstheologie beeinflußt?

Sobrino: Die Befreiungstheologie, Monseñor Romero und die Propheten Israels haben gesagt: „Die Akkumulation des Reichtums ist ein schrecklicher Skandal." Das ist so, mit oder ohne Marx. Meiner Meinung nach ist es wichtig – und das sagt auch der Vatikan – daß sich die Theologie mit Marx auseinandersetzt. Er war ein bedeutender Theoretiker. Hier in El Salvador aber ist die Definition des Marxismus eine andere: Das, was nicht sein darf, das Böse. Als Jesus mit den Armen gegessen hat, nannten sie ihn einen Trunkenbold. Als er sich mit Sündern und Prostituierten angefreundet hat, haben sie ihn verachtet. Wann immer jemand auftaucht, der das heuchlerische Verhalten der Mächtigen bloßstellt, wird er beschimpft, diffamiert und letztendlich umgebracht. Das ist ein historisches Gesetz, das schon lange vor der Befreiungstheologie existiert hat.

Frage: Welche Bedeutung hat die Befreiungstheologie heute?

Sobrino: Die Befreiungstheologie hat die Realität dieser Welt so direkt berührt wie keine andere Theologie unserer Tage. Aus diesem Grund hat die Realität reagiert. Die sechs Jesuitenpater dieser Universität sind nicht aus Zufall ermordet worden.

Heute ist die Befreiungstheologie nicht mehr von demselben weltlichen Glanz umgeben wie in früheren Jahren. Die meisten Studenten in El Salvador interessieren sich nicht besonders für diese Dinge, aber auch nicht die Studentinnen in den USA, in Deutschland oder sonst irgendwo. Das ist die Globalisierung des Desinteresses, die Globalisierung einer Überzeugung, daß das Wichtigste im Leben das Geld ist.

Es gibt heute weniger Bücher über die Befreiungstheologie, weniger interessierte Bischöfe, weniger Basisgemeinden. Doch ich glaube, im kollektiven Bewußtsein der Christen ist die Befreiungstheologie noch immer präsent. Warum sonst würden so viele Leute nach ihr fragen?

Frage: Haben sich die Lebensbedingungen der Armen verbessert?

Sobrino: In El Salvador gibt es heute mehr Armut als in den siebziger Jahren. Mit der Globalisierung, der Privatisierung und der Demokratie gibt es heute mehr Armut. In ganz Lateinamerika hat die Armut zugenommen, mit Ausnahme von Chile. Es ist zynisch, darüber zu sprechen, was von der Befreiungstheologie übrig geblieben ist, ohne gleichzeitig danach zu fragen, warum heute mehr Menschen in Armut leben.

Vom Flüchtlingslager in die Selbständigkeit

In Guarjila, einem Dorf nahe der Stadt Chalatenango, enden die Tage früh. Abends um neun sind nur noch die Grillen zu hören. Aber am nächsten Morgen krähen die ersten Hähne schon um fünf Uhr, und die dreitausend Einwohner werden von lärmenden Radios und Motoren der Maismühlen geweckt. In dieser ländlichen Idylle erinnert fast nichts an die Schrecken der Vergangenheit, als im Bürgerkrieg Dutzende Einwohner Guarjilas umgekommen sind.

Der Vorsitzende des Gemeinderats, Ramón Morales, kämpfte schon als Jugendlicher in der Guerilla. Seine Brüder und sein Vater waren vor Beginn des Kriegs von Angehörigen der Armee ermordet worden, weil sie bessere Löhne für die armen Landarbeiter gefordert hatten. „Die Militärs haben immer die Interessen der Reichen und Mächtigen verteidigt. Früher konnte niemand frei sagen, was er dachte. Wer die Landbesitzer aufforderte, die Arbeit auf den Kaffeeplantagen besser zu bezahlen, galt als subversiver Kommunist. Das war wie ein Todesurteil. Aber die Hungerlöhne reichten nicht aus, um eine Familie zu ernähren. Damals haben die Soldaten viele Leute verschwinden lassen. Sie wurden einfach verschleppt, ohne je wieder aufzutauchen."

Als die Repression Anfang der achtziger Jahre ihren Höhepunkt erreichte, sind die meisten Bewohner von Guarjila vor den grausamen Übergriffen der Armee in die Wälder der Umgebung geflohen. „Wir mußten uns verstecken, um unser Leben zu retten", berichtet die katholische Laienseelsorgerin Maria Alvaro. „Die Katecheten der Kirche wurden besonders verfolgt, weil sie versucht haben, die Armen und Schwachen zu organisieren. Viele von uns fanden Schutz in dem Flüchtlingscamp Mesa Grande in Honduras."

Sechs Jahre lang lebten 3.000 Flüchtlinge in dem Lager Mesa Grande, zusammengepfercht auf engstem Raum und umgeben von einem Stacheldrahtzaun, der von honduranischen Soldaten bewacht wurde. Die Kriegswitwe Emilia Bornilla berichtet: „Niemand konnte das Lager verlassen. Wer versuchte, über den Zaun zu klettern, wurde erschossen. Wir selber konnten uns nicht ausreichend ernähren und waren auf die Hilfe von internationalen Organisationen angewiesen, die uns Bohnen, Reis und Mais brachten."

Viele der Flüchtlinge sind noch vor dem offiziellen Friedensabkommen von 1992 nach Guarjila zurückgekehrt. Seither hat sich der kleine Ort sehr verändert. Zahlreiche Familien leben in stabilen Steinhäusern, und die grundlegende Ernährung der meisten Einwohner ist gesichert. Der Gemeinderatsvorsitzende Ramón Morales erläutert, wie verschiedene internationale Solidaritätsgruppen und insbesondere das Dritte Welt Haus Bielefeld maßgeblich zur Verbesserung der Lage beigetragen haben: „Vieles von dem, was wir erreicht haben, wäre ohne die Solidarität des Auslands nicht möglich gewesen. Die Tischlerei zum Beispiel oder die Gemeindeküche und die Backstube – all diese Projekte sind mit der Hilfe aus Bielefeld eingerichtet worden."

Die Mittelamerikareferentin des Dritte Welt Hauses Bielefeld, Sibylle Nickolmann, freut sich über den Erfolg der Projekte: „Aber es bleibt immer der Frust, daß fast alles, was hier passiert ist, ohne Finanzierung von außen nicht möglich gewesen wäre. Im Grunde genommen spricht das natürlich für die Solidaritätsarbeit. Doch irgendwann muß ein Punkt erreicht werden, an dem diese Unterstützung nicht mehr notwendig ist."

Aber die finanzielle Hilfe ist nur ein Teil der Solidarität. Sibylle Nickolmanns eigentliches Anliegen ist ein anderes: „Wir wollen Impulse geben, damit die Hoffnung nicht verloren geht. Es ist beeindruckend zu sehen, wie sich die Leute gerade in besonders schwierigen Bedingungen organisieren. In diesem Zusammenhang ist die Solidaritätsarbeit enorm wichtig. In großen Entwicklungshilfeprojekten kommt die Selbsthilfe häufig zu kurz. Es wird viel Geld ins Land gepumpt, so daß Eigeninitiative kaum noch notwendig ist. In der solidarischen Partnerschaft hingegen ist die Eigeninitiative der Menschen vor Ort der Ausgangspunkt der Projekte."

So haben sich zum Beispiel in der Nähkooperative von Guarjila zwölf Kriegswitwen zusammengeschlossen. Die Koordinatorin der Gruppe, Soya Cruz, ist froh über diese Einkommensmöglichkeit: „Wir verdienen zwar nicht besonders viel, aber das Projekt hilft uns zumindest ein Stück weiter." Die Frauen sticken Muster und Bilder auf Baumwollhemden. Eines der populärsten Motive ist eine Erdkugel, umringt von Kindern verschiedener Hautfarben – ein Symbol für globales Miteinander, das sich gerade auf dem internationalen Markt des solidarischen Handels gut verkauft.

Dritte Welt Haus Bielefeld

Entwicklungszusammenarbeit, Information und Kulturaustausch

Das DRITTE WELT HAUS BIELEFELD ist aus einem Zusammenschluß zahlreicher Gruppen der Solidaritätsbewegung hervorgegangen. Im Mittelpunkt der Arbeit stehen entwicklungsbezogene Bildung und Information, Förderung des Kulturaustausches und solidarische Entwicklungszusammenarbeit mit Basisgruppen in Afrika und Lateinamerika. Zu den zahlreichen Arbeitsgruppen, die sich im Haus treffen, gehört auch die El Salvador-Gruppe „Viva Guarjila", die seit Jahren eine bäuerliche Rücksiedlungsgemeinde unterstützt.

DRITTE WELT HAUS BIELEFELD
August-Bebel-Straße 62, 33602 Bielefeld

Arbeitsgemeinschaft Rechtshilfefonds

Kampf um Land

In den mittelamerikanischen Ländern El Salvador, Guatemala und Nicaragua ist Frieden eingekehrt, heißt es. Doch die extrem ungleiche Landverteilung – eine Hauptursache für die Bürgerkriege der vergangenen Jahrzehnte – ist nach wie vor nicht beseitigt. Die Solidaritätsgruppen, die in Deutschland zu den drei Ländern arbeiten, haben einen gemeinsamen Rechtshilfefonds eingerichtet, mit dem die Kämpfe befreundeter Genossenschaften und bäuerlicher Organisationen unterstützt werden.

RECHTSHILFEFONDS
Oscar-Romero-Haus, Heerstraße 205, 53111 Bonn

Die strenge Kleiderordnung des Weltmarkts

Ausbeutung von Frauenarbeit in freien Produktionszonen

Sie sind wie kleine Staaten im Staat, Territorien im ökonomischen Ausnahmezustand. Die freien Produktionszonen in El Salvador bekommen eine kostenlose Infrastruktur gestellt. Maschinen, Rohstoffe und Halbfertigwaren werden zollfrei eingeführt, alle Endprodukte unversteuert ausgeführt. Bewaffnetes Sicherheitspersonal bewacht die Eingangstore der Weltmarktfabriken, hinter deren Mauern ausländische Investoren regieren. Die meisten Unternehmer kommen aus Taiwan und Südkorea. Sie lassen Textilien für den Export produzieren. In den größten der sieben freien Produktionszonen El Salvadors stehen dreißig Fabriken, die jeweils bis zu dreitausend Arbeitsplätze schaffen. Kein anderer Wirtschaftszweig bringt dem Land so hohe Deviseneinnahmen wie die Bekleidungsindustrie.

Asiatische Firmenbesitzer in der Kritik

Cheng Chan Tsai ist vor sieben Jahren aus seiner Heimat Taiwan nach El Salvador gekommen. Mit der Unterstützung seines Vaters und einem Bankkredit hat er die Maquila CHI-FUNG S.A. aufgebaut, in der heute 1.200 salvadorianische Näherinnen arbeiten. Cheng Chan Tsai sagt, seine jährliche Rendite liege bei dreißig Prozent des Eigenkapitals. Er ist nach El Salvador gekommen, weil die Konkurrenz dort geringer ist als in Asien. Außerdem verdient eine salvadorianische Arbeiterin an einem Tag nur soviel wie eine Arbeiterin in Taiwan in einer Stunde. „In Mittelamerika ist das Textilgeschäft einfacher", meint Cheng Chan Tsai. „Die Kosten sind geringer, und die USA räumen der Region höhere Einfuhrquoten ein. Zu Konflikten und Kommunikationsproblemen mit den Arbeiterinnen kommt es, weil viele asiatische Unternehmer die Gesetze des Landes nicht kennen und nur wenig Spanisch sprechen."

Die Weltmarktfabriken in Mittelamerika sind in Verruf geraten. Zahlreiche Menschenrechtsorganisationen und internationale Gewerkschaftsverbände machen auf Mißstände aufmerksam, die die Rechte der Arbeiterinnen verletzen. Eine Näherin, die krank wird, bekommt meist keine angemessene medizinische Versorgung. Zwar wird allen Arbeiterinnen ein Krankenversicherungsbeitrag vom Lohn abgezogen, aber nur jede fünfte ist bei der staatlichen Versicherungsbehörde gemeldet. Die Personalabteilungen leiten das Geld einfach nicht weiter. Die zwanzigjährige Näherin Surleima arbeitet seit sechs Jahren in den Maquilas. Sie weiß, daß der harte Arbeitsrhythmus deutliche Spuren in der Gesundheit der Arbeiterinnen hinterläßt: „Wenn die Firma einen großen Auftrag bekommt, müssen wir von morgens um sechs bis abends um sechs Uhr arbeiten. Manchmal muß ich nach dem Abendessen weiterarbeiten, um das Pensum zu schaffen. An solchen Tagen bleibe ich zum Schlafen in der Fabrik. Die Arbeitsbedingungen sind furchtbar. Du darfst nur zweimal am Tag kurz auf die Toilette gehen und mußt immer konzentriert arbeiten. Einmal habe ich es nicht mehr ausgehalten. Es ging mir so schlecht, daß ich der Aufseherin gesagt habe, ich wolle nach Hause gehen. Sie hat mir geantwortet, das sei nicht möglich, weil der Auftrag pünktlich erfüllt werden müsse."

Ein Großteil der Produktion wird in die USA exportiert, aber einige Aufträge kommen auch aus Europa. Dort beteiligen sich zahlreiche Organisationen an der Kampagne für saubere Kleidung, durch die sie Einfluß auf die Arbeitsbedingungen in der weltweiten Textilproduktion nehmen wollen. Thomas Krämer von der Christlichen Initiative Romero in Münster erläutert: „Ein Ziel der Kampagne ist es, die Konsumentinnen und Konsumenten hier zu sensiblisieren. Sie sollen soziale Kriterien in ihre Kaufentscheidungen einbeziehen. Wir informieren über die schlechten Arbeitsbedingungen in den Maquilas und zeigen an konkreten Beispielen, daß auch deutsche Unternehmen an der Produktion in Mittelamerika beteiligt sind."

Die Kampagne für saubere Kleidung verfolgt eine Strategie des Dialogs mit den wichtigsten Abnehmern der Maquilas. Durch den Druck der Öffentlichkeit auf Firmen wie den Otto-Versand, C&A oder adidas soll erreicht werden, daß sie ihre asiatischen Partner in Mittelamerika von der Notwendigkeit einer Verbesserung der Arbeitsbedingungen überzeugen. Die Macht dazu hätten sie. Zum Beispiel ist der Umsatzerlös des Versandhauskonzerns Otto fast doppelt so hoch wie das Bruttosozialprodukt von El Salvador.

Noch vor wenigen Jahren haben auch Tausende zehn- bis zwölfjährige Mädchen in den Fabriken gearbeitet. Diese ausbeuterische Kinderarbeit ist auf internationaler Ebene heftig kritisiert worden. Deshalb stellen die meisten asiatischen Unternehmer heute keine Mädchen mehr ein, die jünger als 15 Jahre sind. Aber einige Unternehmen haben auch Praktiken eingeführt, mit denen sie dem internationalen Druck auszuweichen versuchen. Anstatt ihre Arbeiterinnen selbst unter Vertrag zu nehmen, beauftragen sie private Vermittlungsagenturen. Trinidad de Mejia, Mitarbeiterin der Frauenorganisation ORMUSA, weiß, daß diese Firmen regelmäßig Stellenangebote ausschreiben: „Die Agenturen handeln Verträge mit den Frauen aus und vermitteln sie dann an eine Maquila. Wenig später verschwinden sie von der Bildfläche und überlassen die Näherinnen ihrem Schicksal. Die arbeiten dann in einer Fabrik, zu der sie in keinem Vertragsverhältnis stehen und die keine Verantwortung für sie übernehmen muß."

Etwa 85 Prozent der rund 60.000 salvadorianischen Beschäftigten in den Maquilas sind Frauen. Über die Hälfte von ihnen sind alleinerziehende Mütter. Die meisten verdienen rund 220,- DM im Monat. Das entspricht dem gesetzlich vorgeschriebenen Mindestlohn, reicht aber nicht aus, um eine Familie zu ernähren. Trotzdem ist diese Summe ein vergleichsweise guter Verdienst für eine salvadorianische Frau ohne Ausbildung. Die wirtschaftliche Not zwingt sie dazu, einen Großteil ihrer Jugend in den Fabriken zu verbringen.

Arasely Zamora, eine bekannte Aktivistin der salvadorianischen Frauenbewegung, meint, ein Boykott der Firmen, die den Weltmarktfabriken Aufträge geben, würde niemandem helfen: „Wir können uns der Globalisierung nicht verschließen. Die Maquilas schaffen wichtige Arbeitsplätze. Aber die Arbeiterinnen müssen vor Ausbeutung und Mißhandlungen geschützt werden. In dieser Beziehung ist nicht nur die Regierung gefordert, sondern auch die internationale Gemeinschaft. Es müßten weltweit geltende Vereinbarungen ausgehandelt werden, um sicherzustellen, daß die Produktion nicht mit der Gesundheit von Tausenden Menschen bezahlt wird."

In den freien Produktionszonen sieht die salvadorianische Regierung das wichtigste Element ihrer Politik zur Bekämpfung der Arbeitslosigkeit. Die liegt in El Salvador bei über vierzig Prozent. Der Leiter der Inspektionsabteilung des Arbeitsministeriums, Dr. Alberto Palma, möchte den ausländischen Investoren keine Steine in den Weg legen: „Wir hoffen, daß die Maquilas im Land bleiben. Am besten wäre es, wenn noch mehr Unternehmen hier investieren würden. Wir heißen sie willkommen, weil sie das Überleben eines großen Teils unserer Bevölkerung sichern."

Es ist jedoch fraglich, ob die Weltmarktfabriken wirklich zu einer nachhaltigen Entwicklung des Landes beitragen. Die ausländischen Unternehmer bevorzugen junge Frauen, die in wenigen Tagen angelernt werden können. Eine über dreißig Jahre alte Frau bekommt in den meisten Maquilas keine Anstellung mehr. Das weiß auch die Näherin Surleima: „Aber wenn du in einer Maquila arbeitest, kannst du gar nicht an die Zukunft denken. Es ist, als ob du programmiert worden wärst. Du denkst nicht an deine Ausbildung oder daran, was in fünf Jahren sein wird. Das kommt dir gar nicht in den Sinn."

Surleimas wichtigstes Anliegen ist es, ihrer kleinen Tochter Anni zumindest ausreichend Nahrung und Kleidung geben zu können. Eine andere Zukunftsperspektive hat sie nicht. Wenn Surleima 32 Jahre alt ist, wird Anni 15 Jahre alt sein – alt genug, um in einer Maquila zu arbeiten.

adidas reagiert auf Vorwürfe der Kampagne für saubere Kleidung

Die Textilfabrik FORMOSA ist gesichert wie eine Burg, umgeben von Stacheldraht. Seitdem sich ein Kameramann des ARD-Fernsehmagazins MONITOR mit einem Trick Zugang zu den Produktionshallen verschafft hat, ist die Firmenleitung nicht besonders gut auf Journalisten zu sprechen. Der salvadorianische Verwalter Fred Argueta gibt keine Interviews: „Unser Auftraggeber NIKE möchte das nicht."

Die Sportartikelkonzerne NIKE und adidas sind die wichtigsten Geschäftspartner der taiwanesischen Besitzer von FORMOSA. Seit in Europa die Kampagne für saubere Kleidung auf die miserablen Arbeitsbedingungen in mittelamerikanischen Maquilas aufmerksam macht, sind die großen Bekleidungskonzerne besorgt um ihr Weiße-Weste-Image.

Die zwanzigjährige Näherin Sandra de la Cruz hat mit zwölf Jahren begonnen, in den Maquilas zu arbeiten. Heute verdient sie an einem achtstündigen Arbeitstag den gesetzlich vorgeschriebenen Mindestlohn von sieben Mark. Aber an einigen Tagen muß sie bis zu vierzehn Stunden an der Nähmaschine stehen. „Wenn du nicht schnell genug arbeitest, schlagen dich die Aufseher auf den Kopf. Ich glaube, die Asiaten halten uns für minderwertig. Ich weiß nicht warum. Vielleicht, weil wir in El Salvador so arm sind."

Einen Betriebsrat, der die Arbeiterinnen unterstützen könnte, gibt es bei FORMOSA nicht. Jeglicher Organisationsversuch wird unterdrückt. Schon im Bewerbungsbogen werden die Mädchen gefragt, ob sie einer Gewerkschaft angehören. Virginia Hernández, Vorsitzende des Komitees der Arbeiterinnen von El Salvador, COMUTRAS, versucht seit Jahren, bei FORMOSA eine Frauengruppe aufzubauen: „Es kommt häufig zu Menschenrechtsverletzungen. Unsere Kameradin Marlene zum Beispiel wurde entlassen, weil sie sich geweigert hat, mit dem Sohn des taiwanesischen Fabrikbesitzers zu schlafen. Solche sexuellen Nötigungen sind bei FORMOSA an der Tagesordnung."

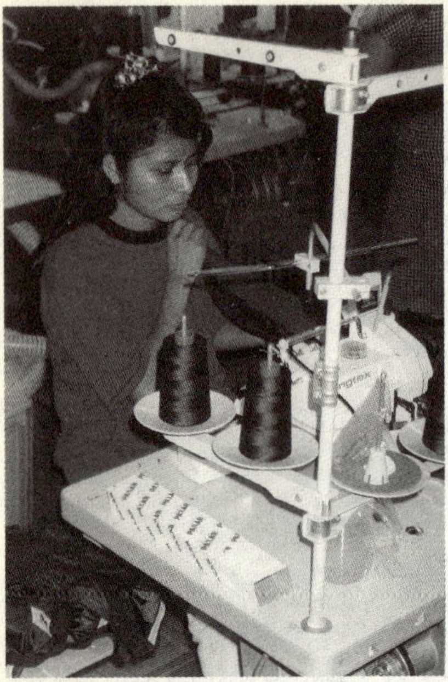

Das Management der deutschen Firma adidas hat auf den öffentlichen Druck reagiert und Gutachter nach El Salvador geschickt. Sie haben die Vorwürfe weitgehend bestätigt. Jetzt will adidas Verbesserungen erreichen. Es soll keine unbezahlten Überstunden mehr geben und die Arbeiterinnen dürfen nicht daran gehindert werden, mehrmals täglich zur Toilette zu gehen. Gewerkschaftliches Engagement soll künftig geduldet werden und der Schwangerschaftstest, den FORMOSA den Arbeiterinnen jeden Monat abverlangt, wird abgeschafft. Eine Beschwerdestelle soll künftig Konflikte zwischen Aufsehern und Näherinnen schlichten.

Virginia Hernández sieht in der Reaktion von adidas eine deutliche Bestätigung der Vorgehensweise der europaweiten Kampagne für saubere Kleidung: „El Salvador braucht die Arbeitsplätze in den Textilfabriken. Deshalb setzt die Kampagne für saubere Kleidung genau an der richtigen Stelle an. Anstatt zu einem Boykott aufzurufen, wird versucht, eine Verbesserung der Arbeitsbedingungen zu erreichen, ohne daß Fabriken geschlossen werden."

Virginia Hernández hat früher selber in einer Maquila gearbeitet. „Damals mußten wir jeden Morgen die Nationalhymne von Taiwan oder Südkorea singen. Wer nicht mitsang, wurde bestraft. Heute werden die Hymnen nicht mehr gesungen, weil die Kampagne für saubere Kleidung die Situation öffentlich gemacht hat."

Vorarbeiter aus Bangladesch

Neben den salvadorianischen Arbeiterinnen gibt es in den Produktionshallen von FORMOSA noch eine weitere Personengruppe, die eine Aufsicht über die Wahrung ihrer Rechte bräuchte. Doch für die Vorarbeiter aus Bangladesch fühlt sich keine Institution zuständig. „Ihre

Rechte werden absolut mißachtet", empört sich Virginia Hernández. „Sie verdienen nicht einmal den salvadorianischen Mindestlohn und dürfen das Fabrikgelände nur mit Erlaubnis verlassen. Niemand interessiert sich für ihr Schicksal." In ganz Mittelamerika gibt es weder eine Botschaft von Bangladesch noch ein Konsulat.

Ein ehemaliger Mitarbeiter der Marketingabteilung von FORMOSA, der seinen Namen nicht genannt haben möchte, bestätigt, daß die Taiwanesen in Bangladesch junge Männer anheuern: „Ihnen wird eine sichere Arbeitsstelle, Unterkunft und Verpflegung versprochen. Die Reise nach El Salvador wird ihnen bezahlt, die Rückreise aber nicht. Wenn sie erst einmal hier sind, bekommen sie nicht die versprochene Summe ausbezahlt, weil alles mögliche von ihrem Gehalt abgezogen wird. Sobald ihre Verträge nach zwei Jahren auslaufen, haben sie meist nicht genug Geld, um nach Bangladesch zurückzukehren."

Der salvadorianische Betriebswirt hat während seiner Zeit bei FORMOSA Freundschaft mit zwei Bangladeschis geschlossen: „Sie leben hier sehr isoliert. Wenn sie krank sind, muß es schon sehr schlimm kommen, bevor sie in ein Krankenhaus gebracht werden." Die 30 Männer arbeiten unter einem hohen Druck, den sie an die 2.000 salvadorianischen Arbeiterinnen weitergeben. Ihre Bezahlung richtet sich nach der Produktionsmenge ihrer Abteilung. „Sie sind ganz normale Menschen mit Wünschen und Hoffnungen, die ihre daheimgebliebenen Familien unterstützen wollen. Im Grunde genommen sind sie freundliche Leute. Aber den salvadorianischen Arbeiterinnen gegenüber verhalten sie sich sehr streng, weil sie der Firma große Produktionsmengen liefern müssen."

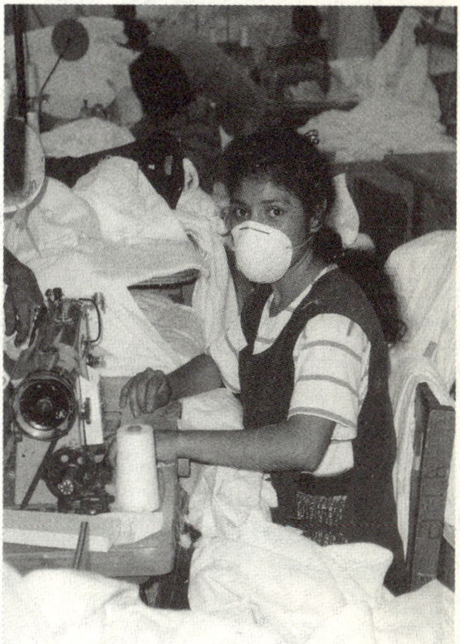

Ein Inspektor des salvadorianischen Arbeitsministeriums, der die Situation bei FORMOSA gut kennt, sieht im Fall der Arbeiter aus Bangladesch keinen Handlungsbedarf für seine Behörde. „Sie haben besondere Verträge. Deshalb kommen sie nie zu uns. Außerdem rotieren sie in unterschiedlichen Ländern. Ein Aufseher arbeitet ein Jahr lang in El Salvador und wird dann nach Puerto Rico, Guatemala oder in die Dominikanische Republik geschickt."

Auch Dr. Alberto Palma, der Chef der Inspektionsabteilung, bestreitet nicht die Möglichkeit, daß die Menschenrechte der Arbeiter aus Bangladesch bei FORMOSA verletzt werden. „Wir haben noch keine solche Situationen festgestellt. Aber wir beaufsichtigen vorwiegend die Arbeitsbedingungen von salvadorianischen Arbeitnehmern."

Den Angestellten des Arbeitsministeriums wird nachgesagt, sie würden eher die Interessen der Fabrikbesitzer verteidigen als die der Arbeiterinnen. Dabei spielt nicht nur Korruption eine Rolle, sondern auch die allgemeine Politik der salvadorianischen Regierung, die um jeden Preis ein möglichst problemloses Investitionsklima bewahren will. Deshalb hält der ehemalige Verwaltungsmitarbeiter von FORMOSA die internationale Aufmerksamkeit für das effektivste Mittel, um eine langfristige Veränderung zu erreichen. Seiner Meinung nach haben die Kontrollbesuche der Firma adidas schon etwas in Bewegung gesetzt: „Ich glaube, die Betriebsführung ist sich bewußt geworden, daß die Behandlung der Arbeiterinnen verbessert werden muß. Aber es darf nicht nur bei ein paar Besuchen bleiben. Am besten wäre ein Komitee, daß ständig anwesend ist und die Situation zwei, drei Monate lang miterlebt. Nur so könnte es wirklich zu Veränderungen bei FORMOSA kommen."

In der Kette der Ausbeutung wird den asiatischen Unternehmern in Mittelamerika der schwarze Peter zugeschoben. Doch auch sie handeln unter dem Druck des Systems einer globalisierten Massenproduktion. Die höchsten Gewinne machen die Konzerne mit den Lizenzen für die bekanntesten Marken. Um sich auf dem umkämpften Modemarkt behaupten zu können, lassen sie dort produzieren, wo die Kosten am niedrigsten sind. Um eine Veränderung der Arbeitsbedingungen in El Salvador zu erreichen, muß von dem anderen Ende der Kette ein Gegendruck ausgeübt werden. Die Verbraucherinnen und Verbraucher in Deutschland geben pro Kopf und Jahr im Schnitt 1.700 DM für Kleidung aus, mehr als die Bürger von jedem anderen Land der Erde. Sie haben die Macht, mit ihrem Einkaufskorb Politik zu machen.

Interessenten können sich bei der Kampagne für saubere Kleidung über Möglichkeiten der Einflußnahme informieren:
Kampagne für saubere Kleidung, c/o Südwind, Lindenstr. 58-60, 53721 Siegburg

Christliche Initiative Romero

Eine Option für die Armen

Die CHRISTLICHE INITIATIVE ROMERO wurde 1980 gegründet, kurz nachdem Erzbischof Oscar Romero ermordet worden war. In seiner Nachfolge unterstützt der ökumenische Verein mittelamerikanische Basisorganisationen in ihrem Kampf um Selbstbestimmung und beteiligt sich an Öffentlichkeitskampagnen in Deutschland. Die CHRISTLICHEN INITIATIVE ROMERO leistet Informations- und Lobbyarbeit im Rahmen der Kampagne für saubere Kleidung.

CHRISTLICHE INITIATIVE ROMERO
Frauenstraße 3, 48143 Münster
e-mail: ci-romero@oln.comlink.apc.org

INFORMATIONSSTELLE EL SALVADOR e.V.

Solidaritätsarbeit in Deutschland

Arbeitsschwerpunkte der INFORMATIONSSTELLE EL SALVADOR sind die ausbeuterischen Arbeitsbedingungen in den Weltmarktfabriken El Salvadors und die Problematik der Landverteilung. Die Initiative unterstützt mehrere Projekte der Bauernbewegung und bemüht sich in Deutschland um Informationsarbeit über die Lage in El Salvador. Die Informationsstelle ist auf private Spenden angewiesen, um diese Arbeit langfristig zu sichern.

INFORMATIONSSTELLE EL SALVADOR
Oscar-Romero-Haus, Heerstraße 205, 53111 Bonn

HONDURAS

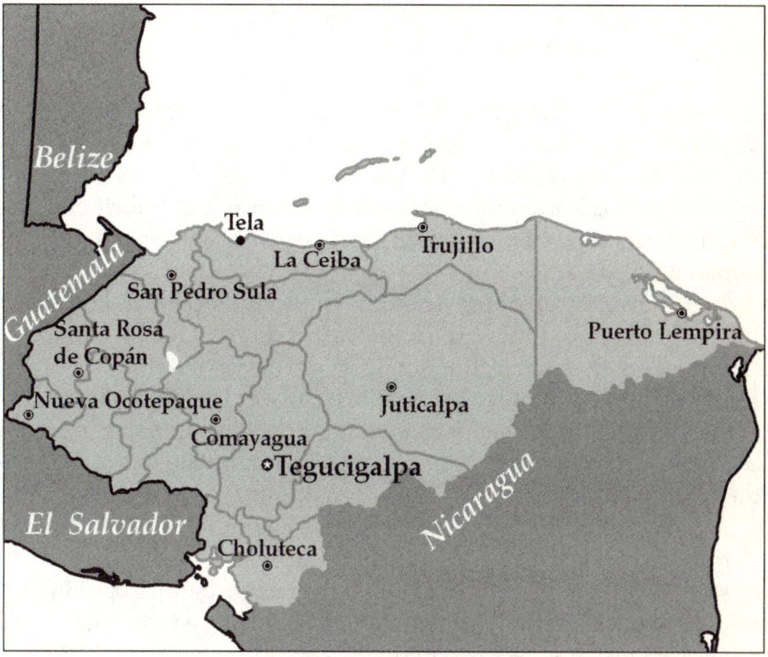

Fläche:	**112.090 km²**
Bevölkerung:	**ca. 6.000.000 Einwohner**
Hauptstadt:	**Tegucigalpa (ca. 900.000 Einwohner)**
weitere Städte:	**San Pedro Sula (600.000), La Ceiba (100.000) Choluteca (60.000)**
Währung:	**Lempira**
Pro-Kopf-Einkommen:	**580 US-Dollar/Jahr**
Index der menschlichen Entwicklung:	**Platz 114**

Vor der Kolonisierung durch die Spanier lebten vorwiegend Angehörige der Völker der Lenca und der Maya in dem Gebiet der heutigen Republik Honduras. Die Ruinen der Mayastadt Copán können nahe der guatemaltekischen Grenze besichtigt werden. Copán war bis ins neunte Jahrhundert hinein eines der wichtigsten Zentren des Mayaimperiums. Der erste Europäer, der im Jahr 1498 die mittelamerikanische Karibikküste erreichte, war wahrscheinlich der Florentiner Americo Vespucci, nach dem der amerikanische Kontinent benannt wurde.

In den zwanziger Jahren des sechzehnten Jahrhunderts behaupteten sich die Lenca unter Führung des honduranischen Volkshelden Lempira gegen die Angriffe der Truppen des spanischen Eindringlings Pedro de Alvarado. Letztendlich lud der brutale Eroberer den Widerstandskämpfer Lempira zu einer Friedenskonferenz ein – auf der er ihn ermorden ließ. Wenig später übernahm die spanische Krone die Kontrolle über das gesamte Territorium.

Nach der Unabhängigkeit Mittelamerikas im Jahr 1821 versuchte der honduranische General Franzisco Morazán vergeblich, die Länder der Region in einer Föderation zu vereinen. Seither hat Honduras annähernd dreihundert interne Rebellionen erlebt. Manchmal kamen Zivilisten an die Macht, meist aber Militärs.

Gegen Ende des neunzehnten Jahrhunderts wurde die Ausbeutung von Erzminen zum Rückgrat der honduranischen Wirtschaft. Die Arbeit in den Stollen leisteten vorwiegend Angehörige der indigenen Bevölkerung und der Garifuna, eines Volkes afrikanischer Herkunft. Um die Entwicklung dieses Sektors voranzutreiben, öffnete sich das Land für ausländische Investitionen. Ab 1898 begann die US-amerikanische United Fruit Company ihre Aktivitäten in Honduras. Der Früchtekonzern kontrollierte bald nicht nur die Eisenbahnlinien und die Häfen, sondern auch die wichtigsten politischen Entscheidungen der Regierung. 1924 fielen US-Truppen in Honduras ein, um eine formale Demokratie zu etablieren. Wenig später monopolisierte die ständig expandierende United Fruit Company die gesamte Bananenproduktion des Landes. Die politische Instabilität und das Desinteresse ausländischer Konzerne an Investitionen im Bereich der sozialen Infrastruktur führte zu einer Vernachlässigung der Grundbedürfnisse großer Teile der Bevölkerung. Auch deshalb ist Honduras heute eines der ärmsten Länder Lateinamerikas.

Als im Jahr 1981 freie Wahlen stattfanden, waren alle linksgerichteten Parteien ausgeschlossen. Der Kandidat der liberalen Partei, Roberto Suazo-Córdova, gewann die Präsidentschaft. Er setzte ein Streikverbot und Gesetze zur Terroristenbekämpfung durch. Während seiner Regierungszeit wurden zahlreiche Oppositionelle entführt und ermordet.

In den achtziger Jahren bestimmten die sandinistische Revolution im benachbarten Nicaragua und die Einflußnahme der USA die honduranische Außenpolitik. Die Armee konnte mit fast 300 Millionen US-Dollar Militärhilfe ihre Truppenstärke verdoppeln und ihre gesamte Luftflotte erneuern. Das Pentagon hatte zeitweise über 7000 Soldaten in Honduras stationiert. Außerdem wurden 15.000 nicaraguanische Kämpfer der antisandinistischen Contras, die in Camps auf honduranischem Territorium lebten, großzügig unterstützt.

1986 kam es nach dreißig Jahren zum ersten Mal wieder zu einer friedlichen Machtübergabe zwischen zwei Zivilisten. Die Regierung des neuen Präsidenten José Azcona del Hoyo wurde zunehmend abhängig von der US-Wirtschaftshilfe. Die Zahl der humanitären Nicht-Regierungsorganisationen nahm deutlich zu. Zeitweise waren mehr Freiwillige des US-Peace Corps in Honduras stationiert als in jedem anderen Land der Welt.

1989 wurde der Konservative Rafael Callejas zum Präsidenten gewählt. Mit der Rückendeckung einflußreicher honduranischer Geschäftsleute setze er eine Privatisierungswelle staatlicher Unternehmen durch. Als die Sandinisten in Nicaragua ihre Wahlniederlage erlebten und die Macht abgeben mußten, kürzte die US-Regierung ihre Unterstützungszahlungen an Honduras drastisch. Von diesem Zeitpunkt an wurden die Auslandsschulden zu einem bestimmenden Faktor für die politischen Entscheidungen der Regierung Callejas. Unter dem Druck des Internationalen Währungsfonds kam es zu Strukturanpassungsmaßnahmen wie Entlassungen im öffentlichen Sektor, Kürzungen im Gesundheitsbereich, Streichung der Subventionen für Grundnahrungsmittel und einer Abwertung der nationalen Währung. Als die Bevölkerung mit Streiks und Demonstrationen reagierte, suchte Callejas Unterstützung bei den Militärs. Menschenrechtsverletzungen und außergerichtliche Hinrichtungen durch Angehörige der Streitkräfte nahmen wieder zu.

Bei den Wahlen im Jahr 1993 triumphierte der Präsidentschaftskandidat der Opposition, Roberto Reina. Eine seiner ersten Regierungsentscheidungen war die Abschaffung der Wehrpflicht. Doch auch seine Regierung mußte sich dem Diktat des Internationalen Währungsfonds beugen, so daß es immer wieder zu Auseinandersetzungen mit Gewerkschaften und der Belegschaft von Staatsbetrieben kam. Die Krise wurde verschärft durch eine Dürreperiode, auf Grund derer die Landbevölkerung im Jahr 1994 sechzig Prozent ihrer Ernte verlor. Zeitweise waren über 1,5 Millionen Menschen von einer Hungersnot bedroht.

Auf Roberto Reina folgte 1998 der Kandidat der Partido Liberal, Carlos Flores, der die Privatisierung von Staatsbetrieben zu einer Priorität seiner Regierung erklärte. Im Oktober 1998 erlebte die wirtschaftliche Entwicklung des Landes einen harten Rückschlag. Der Hurrican Mitch richtete vor allem an der Karibikküste und in der Hauptstadt Tegucigalpa enorme Schäden an. Über 7.000 Menschen starben.

Auslandsschulden gehen vor

Mehr Geld für Zinslast, weniger für Gesundheit

Ständiges Wimmern und endloses Weinen begleiten den Alltag der Krankenpflegerinnen im Krisensaal für unterernährte Kinder des größten Krankenhauses von Tegucigalpa. Die Möglichkeiten, den Kindern zu helfen, sind stark eingeschränkt. „Wir haben zu wenig Medikamente", klagt die junge Schwester Teresa. „Manchmal gibt es überhaupt keine. Wenn extrem unterernährte Patienten kommen, können wir ihnen die notwendigen Antibiotika nicht geben. Es gibt hier nicht einmal Vitamine oder Eisentabletten."

Eine Realität des Landes: verhungernde Kinder

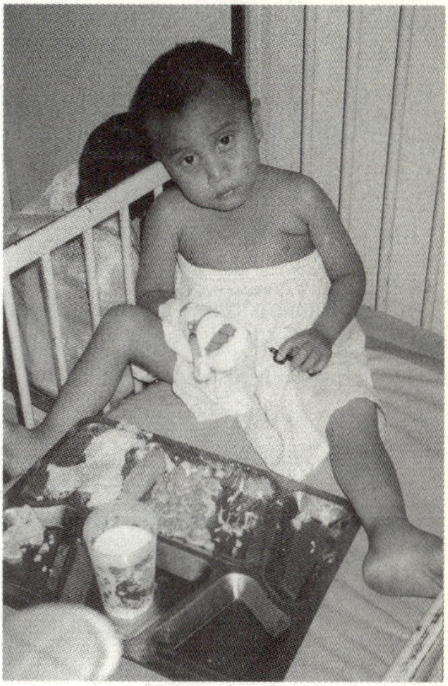

In den überfüllten Krankensälen liegen die dürren oder aufgedunsenen Kinderkörper auf Matratzen ohne Decken. Ihre Mahlzeiten bestehen aus Nudeln, Reis und Bohnen. „Alle Kinder bekommen dasselbe", berichtet Schwester Teresa. „Unabhängig vom Grad ihrer Unterernährung. Die Kinder in diesem Saal bräuchten Obst und Gemüse, aber dafür reichen die Mittel nicht."

Viele der kleinen Patienten müßten geduldig gefüttert und psychologisch betreut werden, doch für solche Aufmerksamkeiten bleibt keine Zeit. Das Personal des Krisensaals ist unterbesetzt und überfordert. Ein Arzt berichtet resigniert: „Manchmal werden Kinder eingeliefert, die wir nicht mehr retten können. Ihre Eltern sind nicht rechtzeitig gekommen, weil sie kein Geld für den Bus hatten. Eigentlich wäre es die Aufgabe der Ärzte in den Gesundheitsstationen der Dörfer, die Mangelerscheinungen zu behandeln. Dort aber haben sie nahezu überhaupt keine Ausrüstung."

Ein Hauptgrund für die folgenreiche Vernachlässigung des honduranischen Gesundheitssystems sind die Auslandsschulden des Landes. Die Regierung muß jedes Jahr 40 Prozent des Staatshaushalts an internationale Gläubiger überweisen. Diese Situation kommentiert der Kinderarzt so: „Die Patienten, die hierher kommen – und es gibt viele andere, die es nicht einmal bis hierher schaffen –, sind diejenigen, die den höchsten Preis für die Auslandsschulden zahlen. Viele Leute wollen es nicht wahrhaben, vor allem die Politiker nicht, doch in diesem Krankenhaus wird die Realität des Landes deutlich: verhungernde Kinder."

Tödliche Schuldenmoral

Unter den ärmsten Ländern der Welt gehört Honduras zu den wohlhabenderen. Trotzdem leben 75 Prozent der Bevölkerung unterhalb der Armutsgrenze. Vor der Zerstörung durch den Hurrikan Mitch hat kein anderer Faktor die wirtschaftliche Entwicklung so sehr behindert wie die jährlichen Zinszahlungen von rund 200 Millionen US-Dollar – mehr als dreimal soviel wie die Ausgaben im Gesundheitssektor. Obwohl die meisten Entwicklungsländer innerhalb der vergangenen fünfzehn Jahre mehr Zinsen an die Banken im Norden gezahlt haben, als die ursprünglichen Kredite wert waren, tragen sie heute noch immer eine Schuldenlast von insgesamt zwei Billionen US-Dollar.

Der Internationale Währungsfond (IWF), der globale Wächter über die Schuldenmoral der Nationen, hat der honduranischen Regierung drastische Kürzungen der Staatsausgaben vorgeschrieben. Das bedeutet unter anderem: weniger Geld für Krankenhäuser und Gesundheitsstationen. Unter dem Druck des IWF mußte die honduranische Regierung zahlreiche Angestellte der öffentlichen Betriebe entlassen. Heute sind zwei von drei erwachsenen Honduranern arbeitslos. Gladys Lanza, Vorstandsmitglied der Gewerkschaft des staatlichen Elektrizitätswerks, ist der Meinung, daß die Regierung nicht die einzige Institution sein dürfe, die die Schuldenproblematik verwaltet. „Die Auslandsschulden werden wie ein Geheimnis behandelt. Die Bevöl-

kerung weiß nur, daß die Schuldenlast unser Land erdrückt. Doch über die Verhandlungen der Regierung mit den internationalen Banken ist fast nichts bekannt."

Die Auslandsschulden von Honduras belaufen sich auf insgesamt etwa vier Milliarden US-Dollar, die bilateralen Schulden gegenüber deutschen Banken auf rund 200 Millionen DM. „Diese Summe scheint nicht so groß zu sein", meint Alexis Pacheco, Koordinator des Netzwerks von Nichtregierungsorganisationen ASONOG. „Wenn wir sie mit den Kosten für die Produktion von Hollywoodfilmen vergleichen, mag sie lächerlich gering erscheinen. Doch im Kontext der Armut dieses Landes bedeutet sie das Leben von Menschen."

ASONOG versucht, den Einfluß der betroffenen Bürgerinnen und Bürger auf die Schuldenpolitik der Regierung zu stärken. Alexis Pacheco erläutert: „Das Problem der Auslandsschulden darf nicht nur von Ökonomen behandelt werden. Natürlich ist die wissenschaftliche Perspektive wichtig, doch der Hunger und die Armut der Menschen geht über die akademische Sichtweise hinaus. Die Auslandsschulden werden verhindern, daß sich unsere Kinder und Enkel frei entwickeln können."

Auch der katholische Bischof von Tegucigalpa, Oscar Andrés Rodríguez, beklagt, daß die Auslandsschulden ein zukunftsfähiges Wachstum der armen Länder verhindern: „Etwa ein Drittel des Bruttosozialprodukts von Honduras muß für Zinszahlungen aufgebracht werden. Unter diesen Bedingungen werden wir die Schulden nie tilgen können."

Als Vorsitzender der lateinamerikanischen Bischofskonferenz macht der Bischof darauf aufmerksam, daß die Ärmsten der Armen heute darunter leiden, daß frühere Militärregime Kredite aufgenommen haben, von denen nur wenige Sektoren der Gesellschaft profitieren konnten. „Das Problem der Auslandsschulden ist zustande gekommen, als die Banken der reichen Länder während der siebziger Jahre viel Geld hatten und verantwortungslosen Regierungen in Lateinamerika hohe Kredite zukommen ließen. Ein großer Teil dieses Geldes wurde nicht sinnvoll eingesetzt. Vielmehr haben sich einige wenige Korrupte bereichert."

Die durch die Schulden verschärfte wirtschaftliche Krise des Landes ist besonders in den Armenvierteln von Tegucigalpa zu spüren. Täglich kommen Dutzende Familien vom Land in die Stadt, in der Hoffnung auf bessere Zukunftsaussichten für ihre Kinder.

Silvia Lopéz betreut Kleinkinder in einer vom CVJM finanzierten Tagesstätte. Sie meint: „Die Menschen auf dem Land haben oft nicht genug Grund und Boden, um sich ernähren zu können. Sie kommen hierher, weil sie glauben, in der Stadt sei alles besser. Doch es fehlt ihnen an Ausbildung, um eine gute Anstellung bekommen zu können. Sie alle erleben Enttäuschungen und Niederlagen. Viele der Jugendlichen schließen sich kriminellen Banden an oder nehmen Drogen."

Einer dieser Jugendlichen ist der sechzehnjährige Nelson. Er lebt zwar noch im Haus seiner Eltern, doch seine wichtigste Bezugsgruppe sind die Mitglieder einer Jugendbande, der er sich vor drei Jahren angeschlossen hat. „Die meisten meiner Freunde haben keine vernünftige Beziehung zu ihren Eltern", erzählt er. „Sie werden nicht richtig erzogen. Nur wenige Väter haben eine feste Anstellung. Sie können ihren Familien nicht genug Geld geben, so daß die Kinder keine Ausbildung bekommen. Viele der Jungen und Mädchen müssen ihr eigenes Geld verdienen. Dabei lernen sie andere Jugendliche kennen, mit denen sie sich zu Gruppen zusammenschließen. Sie nehmen Drogen oder machen Probleme."

Der CVJM-Mitarbeiter Antonio Perez betreut einige der Jugendlichen in den Banden. Er weiß, daß die schwierigen Bedingungen in den Armenvierteln von Tegucigalpa in direktem Zusammenhang stehen mit der Schuldenpolitik seiner Regierung und der international operierenden Banken: „Die Regierung hat kein Geld für Sozialausgaben. In diesem Stadtviertel haben wir zum Beispiel nur ein einziges Gesundheitszentrum für rund 60.000 Einwohner. Eigentlich bräuchten wir wenigstens zehn solcher Zentren. Ähnlich ist es mit der Grundschule für etwa tausend Kinder. Sie ist so baufällig, daß sie schon bald zusammenbrechen wird. Es müßte eigentlich drei oder vier Grundschulen geben."

In den ländlichen Gebieten von Honduras leben viele Menschen am Rand des Existenzminimums. Auf Grund der Streichungen von Subventionszahlungen für Grundnahrungsmitteln wie Mais und Bohnen sind deren Preise so drastisch angestiegen, daß viele Familien nur dann ausreichend zu essen bekommen, wenn sie die Möglichkeit haben, landwirtschaftliche Produkte auf einem eigenen Acker anzubauen. Die Hoffnung auf Unterstützung durch staatliche Einrichtungen ist gering. Die Menschen müssen sich selber helfen.

Eine erfolgreiche Frauenkooperative

In der Hitze der honduranischen Pazifikküste sitzen Dutzende Frauen stundenlang an zwei großen Tischen und kratzen Tausende Cashewkerne mit kleinen Messern sauber. Im nächsten Arbeitsgang rösten sie die Kerne mit Honig oder Salz in einfachen Backsteinöfen, während gleichzeitig die Früchte in gewürztem Öl baden und dann zu Trockenobst verarbeitet werden.

Die Cashewkerne haben zweihundert Frauen in einem der ärmsten Gebiete von Honduras einen Weg aus der wirtschaftlichen und sozialen Not geöffnet. Reina de Amparo, Vorstandsmitglied der Kooperative „Paz y Union" erzählt, wie sich das Leben der Frauen in dem Dorf La Constancia durch den Erfolg der Kooperative verändert hat: „Früher waren wir Frauen an keiner einzigen Gruppe der Gemeinde beteiligt. Wir waren ängstlich und trauten uns oft nicht einmal, unsere Namen zu sagen. Heute ist das anders. Die Ausbildungsseminare haben uns sehr geholfen."

Zu Beginn der neunziger Jahre wurden die Frauen von deutschen Entwicklungshelfern dazu angeregt, die Frucht des Marañónbaums zu verarbeiten, die zuvor ungenutzt blieb. Heute exportiert die Kooperative Cashewkerne und Trockenobst im Wert von jährlich rund 70.000 US-Dollar. Ein Großteil der Produktion wird von den alternativen Handelsunternehmen GEPA und EL PUENTE aufgekauft und in Deutschland vertrieben.

„Es gibt hier fast keine Möglichkeit, Geld zu verdienen", berichtet Reina de Amparo. „Früher haben unsere Ehemänner nur Mais und Bohnen gesät. Wenn sie einen Teil der Ernte verkaufen mußten, blieb oft nicht genug Nahrung für die Kinder übrig. Heute brauchen die Männer den Mais nicht mehr zu verkaufen, weil wir Frauen ihnen die Früchte bezahlen, die sie von den Marañónbäumen ernten. Außerdem haben wir jetzt ein regelmäßiges Einkommen, mit dem wir die Ausgaben des Haushalts bestreiten können."

Eines der größten Probleme beim Aufbau der Kooperative war der Widerstand der Männer, die daran gewöhnt waren, daß ihre Frauen ausschließlich Hausarbeiten übernahmen. „Sie haben mit uns geschimpft und gesagt, wir würden nur Zeit verlieren", erinnert sich Reina de Amparo. „Anfangs glaubten sie nicht, daß wir mehr leisten könnten, als Tortillas zu backen, Wäsche zu waschen und auf unsere Kinder aufzupassen."

Auch Juan Rera, der Ehemann der Schatzmeisterin, mußte sich erst daran gewöhnen, Arbeiten im Haushalt zu übernehmen, während seine Frau Geld verdienen ging. Doch mit der Zeit mußte er anerkennen, daß die Kooperative zu einer wichtigen Bereicherung für die ganze Gemeinde geworden war: „Heute haben die Frauen mehr Freiheiten als früher. Sie haben viel gelernt. Ich glaube, das ist gut für uns alle."

Die Frauen sind stolz darauf, daß sie durch die Profite aus dem Exportgeschäft nicht nur ein eigenes Gehalt verdienen, sondern auch zur Entwicklung der Gemeinde beitragen können. Zum Beispiel ist die Kooperative die einzige Institution in La Constancia, bei der die Männer Kredite für den Kauf von Saatgut beantragen können. Die Präsidentin der Kooperative, Maria Jesús de Matamoro, erläutert: „Die Ernährungslage hat sich deutlich verbessert. Früher waren viele Kinder dieser Gegend unterernährt. Heute können wir ihnen zumindest das Notwendigste geben. Aber wir unterstützen auch die Gesundheitsstation der Gemeinde und die Schule. Wir kaufen Hefte und Stifte, so daß alle Kinder regelmäßig am Unterricht teilnehmen können."

Frauen wie Maria Jesus de Matamoro und ihre Familien leiden unter der Last der Zinsen, die die honduranische Regierung an ihre internationalen Gläubiger zahlen muß. Von den ursprünglichen Krediten haben die Frauen der Kooperative „Paz y Union" in keiner Weise profitiert. Trotzdem müssen sie jetzt auf staatliche Sozialleistungen verzichten. In dieser Situation haben die Frauen erfahren, daß sie sich selber helfen können. Sie haben ein neues Selbstbewußtsein erlangt. Maria Jesus de Matamoro meint: „Ich persönlich glaube, daß unser Leben besser geworden ist. Ich bin jetzt Präsidentin einer Kooperative mit vielen aktiven Mitgliedern. Das ist nicht einfach. Aber wir haben unsere Scheu verloren. Heute übernehmen wir Aufgaben, vor denen wir früher Angst gehabt hätten."

INSTITUT FÜR ÖKONOMIE UND ÖKUMENE SÜDWIND

Schuldenumwandlung für Entwicklung

In einem Schwerpunktbereich seiner Arbeit analysiert das Institut SÜDWIND die Verschuldungssituation von Entwicklungsländern und erarbeitet konkrete Vorschläge für eine Schuldenumwandlung zugunsten von Entwicklungsprojekten. SÜDWIND bietet Regierungen in Entwicklungsländern und internationalen Hilfsorganisationen, die sich über die Chancen und Grenzen solcher Programme informieren möchten, technische Beratung an. SÜDWIND hat zahlreiche Informationsmaterialien zum Thema „Schuldenumwandlung für Entwicklung" veröffentlicht.

SÜDWIND, Lindenstr. 58-60, 53721 Siegburg
http://home.t-online.de/home/suedwind.institut

EL PUENTE

Eine Brücke des gerechten Handels

EL PUENTE – zu deutsch „die Brücke" – ist der wichtigste deutsche Handelspartner der honduranischen Kooperative Paz y Union. Neben der Förderung eines gerechteren Handels verfolgt der Verein auch das Ziel, durch Öffentlichkeitsarbeit und Bewußtseinsbildung Verständnis für die Kulturen der Entwicklungsländer zu wecken.
EL PUENTE veröffentlicht ausführliche Berichte über die unterstützten Projekte in aller Welt.

EL PUENTE
Bischofskamp 24 a,
31137 Hildesheim

EL PUENTE

Ein Fest mit den Seelen der Verstorbenen

Die Garifuna pflegen ihre afrikanischen Wurzeln

Sanfte Wellen streichen über den heißen Sand des Strands. Eine Gruppe schwarzer Kinder spielt johlend im Wasser, keine fünfzig Meter entfernt von den Hütten ihrer Eltern. Das Dorf Guadelupe ist eines der ärmsten an der Nordküste von Honduras, nahe der Stadt Trujillo, dem Ort, an dem Christoph Kolumbus im Jahr 1502 zum ersten Mal das Festland der „Neuen Welt" betreten hat.

Von Afrika über St. Vincent nach Honduras

Dreihundert Jahre nach Kolumbus kam das Volk der Garifuna nach Mittelamerika. Noch heute gleichen viele ihrer Siedlungen den Dörfern an der Küste Afrikas. Unter den Palmenblattdächern der armseligen Lehmhütten wohnen häufig nicht weniger als zehn Personen. Die geflochtenen Strohtüren der Hütten werden nicht verschlossen. Diebstähle sind selten, denn alle Nachbarn gehören zur gleichen Familie.

In den Jahrhunderten zwischen 1518 und 1873 haben europäische Kolonisatoren mindestens 20 Millionen Afrikaner nach Amerika verschleppt. Die Zahl ihrer Nachkommen liegt heute bei über 200 Millionen. Einige der entführten Schwarzen konnten der Sklaverei entkommen. Die Garifuna sind Nachfahren von Afrikanern und Ureinwohnern der Karibikinsel St. Vincent, einem der Refugien entflohener Sklaven. Erst nach über 150 Jahren in Freiheit wurden die Garifuna von englischen Soldaten besiegt und im Jahr 1797 nach Honduras deportiert. Seither ist ihre Zahl auf rund 400.000 angewachsen.

Maria Elena Olivar, die Präsidentin des Dorfrats von Guadelupe, berichtet vom Leben in ihrem Dorf: „Die Männer können an jedem Tag der Woche fischen gehen. Das Meer ist wie ein Vater für uns und die Erde wie eine Mutter, sie schenkt uns Maniok und Mais. So ist unser Leben in Honduras."

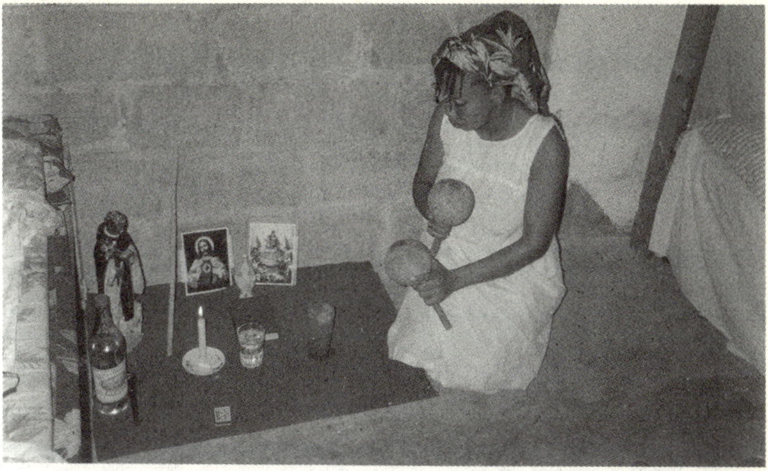

Jahrhundertelang haben sich die Garifuna vorwiegend durch Fischfang und Ackerbau ernährt, doch das hat sich geändert. Heute ist die wichtigste Einkommensquelle vieler Familien der monatliche Scheck von Angehörigen in den USA. Rund 100.000 Garifuna arbeiten in New York und Los Angeles. Doch trotz der ständigen Migration meint Luís Francisco Green, Vorstandsmitglied von ODECO, der größten Organisation der Schwarzen in Honduras: „Wir haben unsere Identität als ethnische Gruppe bewahren können. Auch die Garifuna in den USA pflegen ihre kulturellen Wurzeln. Wir stehen in der Tradition unserer Vorfahren und ihrer Geschichte des Kampfes."

Streit um Strände

Eine der größten Bedrohungen für die Einheit der Garifuna sind die unsicheren Besitzverhältnisse zu dem Land, auf dem sie leben. „Unser Volk hat immer gekämpft", sagt Luís Francisco Green. „Die Epoche in St. Vincent war blutig und schmerzhaft. Heute geht der Kampf weiter. Auch hier in Honduras müssen wir um unser Land kämpfen."

Seitdem die Karibikküste als eine touristisch besonders attraktive Region entdeckt wurde, sind die Strände der Garifuna zu begehrten Objekten nationaler und internationaler Geschäftsleute geworden. Da die meisten Gemeinden keine definitiven Landtitel besitzen, haben einige von ihnen einen Teil ihrer Strände an ausländische Touristikunternehmen verloren. Alberto Castillo, Garifuna-Aktivist aus der Gemeinde Cristales, erklärt: „Unsere Kultur kennt keinen privaten Land-

besitz. Der Strand gehört allen. Doch die Firmen parzellieren das Land und verkaufen es an Fremde, die Zäune und Mauern bauen."

Alberto Castillo ist nicht grundsätzlich gegen Tourismus: „Auch wir wollen Fortschritt für diese Region, aber einen Fortschritt, an dem unsere Gemeinden beteiligt sind. Ausländer, die hier investieren möchten, sind herzlich willkommen, solange sie uns als gleichberechtigte Partner anerkennen, nicht nur als Folkloretänzer, Kellner oder Putzpersonal."

Der Einfluß der Garifuna auf politische Entscheidungen, die in der Hauptstadt Tegucigalpa getroffen werden, ist gering. Zoel Laborial, die erste Garifunafrau, die für einen Sitz im Parlament kandidiert hat, weiß aber auch, daß nicht nur Fremde und Ausländer für das Landproblem der Garifuna verantwortlich sind: „In jedem Dorf, das Land verloren hat, gibt es einen Garifuna, der dieses Land verkauft hat." Trotzdem meint Zoel Laborial, ihr Volk habe ein Recht auf den Grund und Boden, den es seit zweihundert Jahren friedlich bewirtschaftet: „Wir kämpfen um endgültige Landtitel und darum, daß wir unser verlorenes Land zurückerhalten."

Im Jahr 1992 hat der honduranische Kongreß ein Gesetz zur Förderung der Investitionen im Tourismussektor verabschiedet. Drei Jahre später hat sich die honduranische Regierung bereiterklärt, am zweihundertsten Jahrestag der Ankunft der Garifuna in Amerika nicht weniger als zwanzig Gemeinden Landtitel zu übergeben. Doch der 12. April 1997 verging, ohne daß dieses Versprechen eingelöst worden wäre. Seither fordern die Garifuna in Prostestmärschen und auf internationalen Konferenzen, daß ihr Recht auf das Land anerkannt wird. „Dieses Land gehört uns", bestätigt Mari Elena Olivar aus dem Dorf Guadelupe. „Die Regierung muß das respektieren. Wir Garifuna sind aus Afrika verschleppt worden und aus St. Vincent. Diesmal bleiben wir."

Die Träume der Lebenden sind die Heimat der Seelen

Auf dem amerikanischen Kontinent sind die Garifuna die einzige Volksgruppe afrikanischer Herkunft, die ihre Sprache und Religion bewahrt hat. Ihr Glaube an die lebendigen Seelen der Toten trägt zum Fortbestehen ihrer kulturellen Einheit bei. Der Ahnenkult ist ein wichtiger Bestandteil vieler Religionen afrikanischen Ursprungs. Carlos Castillo, Mitglied des Gemeinderats von San Esteban, einem Garifuna-Dorf an der honduranischen Karibikküste, erläutert, warum sein Volk noch immer die religiösen Riten seiner Vorfahren praktiziert: „Wir glauben an eine Existenz nach dem Tod. Deshalb respektieren wir die Seelen der Verstorbenen. Der Glaube an die *Gubida*, die Geister, ist Teil unserer afrikanischen Wurzeln. Die *Buyei*, unsere Priester, kommunizieren mit den *Gubida*. Sie können Kranke heilen, die von Geistern befallen wurden."

„Mir erscheinen die Geister im Schlaf", sagt Carla Sabeyda aus der Küstenstadt La Ceiba. „Manchmal höre ich sie auch nahe bei meinem Ohr, aber meist sprechen sie in den Träumen zu mir."

Die junge Frau sagt, daß sie die Stimmen ihrer Ahnen hört. Die Geister der Verstorbenen fordern die Aufmerksamkeit ihrer Nachfahren.

Carla Sabeyda steht kurz vor ihrer Initiation als *Buyei*. Seitdem sie von den Geistern auserwählt wurde, wird sie von ihnen in die Geheimnisse der Naturheilkunde und der religiösen Praktiken eingeweiht: „Als *Buyei* auserwählt zu sein, ist ein zweischneidiges Schwert. Du verlierst die Kontrolle über dein Leben. Ich kann keine Entscheidung treffen, ohne vorher die Geister um Rat gebeten zu haben. Wenn ich ihnen nicht gehorche, können sie mich bestrafen."

Die *Gubida* strafen ihre lebendigen Nachkommen mit Schicksalsschlägen und Krankheiten. „Wenn dir einer deiner Vorfahren im Traum sagt, er habe Durst, mußt du ihm am nächsten Morgen ein Glas Wasser hinstellen", erklärt Carla Sabeyda. „Wenn du dich mehrfach weigerst, die Wünsche der *Gubida* zu erfüllen, wenden sie sich an *Baba*, den Großvater aller Menschen. Sie schimpfen über dich und deine Familie. Daraufhin schickt *Baba* seine Botschafter zu einem *Buyei*, damit dieser dem Ungehorsamen erklärt, daß er einen *Chugú* feiern muß. Ein *Chugú* ist eine Messe mit Trommeln und Tanz zu Ehren der Vorfahren. Wenn auch dieser Wunsch nicht erfüllt wird, übernimmt *Baba* selbst die Kontrolle über die Seele des Ungehorsamen."

Ein Garifuna, der scheinbar unheilbar krank wird, kann von einem *Buyei* gerettet werden. Viele Kranke sind erst dann überzeugt

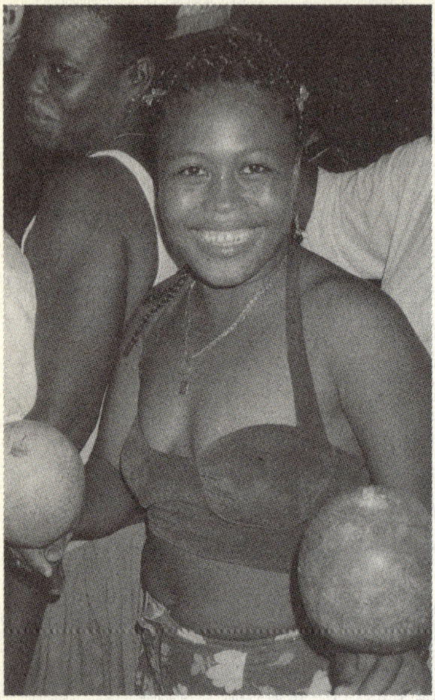

davon, daß sie von einem Geist befallen wurden, wenn eine schulmedizinische Behandlung fehlgeschlagen hat. Der Moment, in dem der Kranke in einen Zustand völliger Orientierungslosigkeit verfällt, ist der Moment, in dem er die Notwendigkeit traditioneller Heilmethoden akzeptiert. Daraufhin bitten die Angehörigen einen *Buyei* um Unterstützung bei der Ausrichtung eines *Dugú*. „Ein *Dugú* ist ein großes Fest, an dem alle Familienmitglieder teilnehmen müssen", erklärt Carla Sabeyda. „Es dauert fünfzehn Tage, erst dann sind die Geister zufrieden."

Der *Dugú* findet in einem eigens dafür errichteten Kulthaus – einem *Dabuyaba* – statt. Dort kommen alle Angehörigen einer Großfamilie zusammen, wodurch ihre häufig schwachen, manchmal sogar feindschaftlichen Beziehungen gestärkt werden. Ohne die Drohung der Vorfahren würde sich die Gruppe, die oft monatelange Vorbereitungen auf sich nehmen muß, wahrscheinlich nie zusammenfinden.

Ein wichtiger Bestandteil des *Dugú* sind die Trommeln, auf denen drei Männer die Rhythmen der Garifuna-Tradition schlagen. Getanzt wird im Schritt des *Adugúrahani*, einem Tanz, der die schwankenden Bewegungen der Geister nachahmt. Gleichzeitig werden den anwesenden Toten besondere Mahlzeiten und Getränke serviert. Der *Buyei* stimuliert die Tanzenden, indem er solange Rum über sie spuckt, bis sich die *Gubida* mitteilen. Meist sind es Frauen, die in den *Áuehani* verfallen, einen tranceartigen Zustand, in dem sie mit weißen Augen und wild gestikulierend die Gedanken der Verstorbenen aussprechen. Die Garifuna verstehen den *Áuehani* als den Tanz eines *Gubida*, der den lebendigen Körper seines Nachkommen befallen hat.

Umdenken in der katholischen Kirche

Jahrhundertelang mußten die Garifuna ihre religiösen Riten im Verborgenen durchführen. „Die katholischen Priester haben uns verboten, Kontakt zu den Verstorbenen aufzunehmen", erzählt Carla Sabeyda. „Deshalb haben viele Garifuna beim Gebet ein Symbol ihres *Gubida* hinter die Statue eines katholischen Heiligen gestellt, ohne daß die Priester es merkten. So kam es zu einer Mischung mit Elementen des Katholizismus."

Die meisten Garifuna sind katholisch, was sie aber nicht davon abhält, an die Existenz der *Gubida* zu glauben. Carla Sabeyda, die sich selber auch als Katholikin bezeichnet, ist sich sicher, daß viele Christen den Gubidaismus noch immer für Hexerei halten. „Aber es ist wie mit der Bibel. Auch sie enthält gute und schlechte Elemente, genauso wie die Religion der Garifuna. Manchmal gelingt es einem bösen *Gubida*, einen *Buyei* zu täuschen und ihm schlechte Dinge beizubringen. Aber gibt es nicht auch Christen, die Böses tun?"

In den vergangenen Jahren hat sich die Position der katholischen Kirche gegenüber dem Gubidaismus grundlegend verändert. David Batis, der Pastor der katholischen Gemeinde des Garifunadorfes San Esteban, erinnert sich an Diskussionen mit Kommilitonen im theologischen Seminar: „Basierend auf einer Reflexion des Exodus der Juden aus Ägypten haben wir erkannt, daß die Geschichte der meisten Afro-Amerikaner nahezu identisch ist. Auch sie wurden aus ihrer ursprünglichen Heimat entwurzelt. Wir Garifuna haben hier in Honduras eine neue Heimat gefunden."

David Batis wurde im Jahr 1993 als erster honduranischer Garifuna in den Priesterstand aufgenommen. Für ihn stellt es keinen Widerspruch dar, daß er als Katholik den Erhalt des Gubidaismus fördert: „Der Gubidaismus und der Katholizismus sind sich in vieler Hinsicht ähnlich. Eines der wichtigsten Elemente des *Dugú* ist die Einheit der Familie. Wenn ein *Dugú* gefeiert wird, müssen alle Familienmitglieder anreisen, auch wenn sie in einem so fernen Land wie Deutschland leben. Sie haben die Pflicht zu kommen, weil die Vorfahren ihre Anwesenheit fordern."

Zu Beginn seiner Gottesdienste zieht Pater David Batis wie ein afrikanischer Stammeshäuptling in die Kirche ein. Gekleidet in einen bunten Talar schreitet er im Takt von drei Trommeln zum Altar. Feucht und salzig tritt ihm der Schweiß aus den Poren, während er von einem Gott der Armen predigt und die Gemeinde mit eindringlichen Worten zur Einheit aufruft. Den Stil seiner Gottesdienste versteht er als Ausdruck des Selbstbewußtseins der Garifuna: „Wir sind nicht weniger wert als irgendein anderes Volk. Ich versuche, die kulturelle Identität meiner Gemeinde zu stärken, indem ich ihre traditionellen, religiösen Praktiken gutheiße und den Wert ihrer Traditionen anerkenne."

NICARAGUA

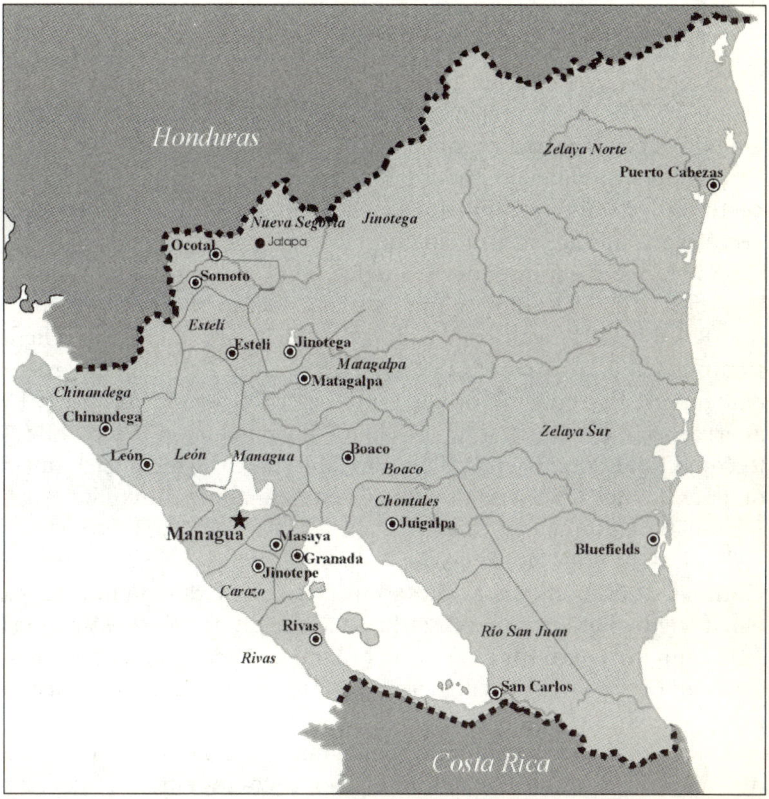

Fläche	**130.000 km²**
Bevölkerung	**ca. 4,5 Millionen Einwohner**
Hauptstadt	**Managua (ca. 700.000 Einwohner)**
weitere Städte	**León (63.000), Granada (45.000), Matagalpa (40.000)**
Währung	**Córdoba**
Pro-Kopf-Einkommen	**360 US-Dollar/Jahr**
Index der menschlichen Entwicklung	**Platz 121**

Die größten Bevölkerungsgruppen der vorkolonialen Zeit auf dem heutigen nicaraguanischen Territorium waren die Maya im Westen und die Miskitos am Atlantik. Die spanischen Eroberer gründeten ihre ersten größeren Siedlungen, Granada und León, am Nicaragua-See und nördlich des Managua-Sees. Nach der Unabhängigkeit von Spanien im Jahr 1821 wurde Nicaraguas Geschichte bestimmt von den Konflikten zwischen einigen einflußreichen konservativen Familien in Granada und ihren liberalen Rivalen in León.

1855 luden die Führer der Liberalen den US-Amerikaner William Walker ein, ihren Kampf zu unterstützen. Der gebildete Abenteurer fiel 1856 mit 120 bewaffneten Gefolgsleuten in Granada ein und ließt sich mit Hilfe korrupter Staatsangestellter zum Präsidenten ernennen. Innerhalb weniger Wochen wurde seine Regierung von den USA anerkannt, die mittelamerikanischen Nachbarstaaten jedoch bildeten eine Koalition gegen Walker. Ein Jahr später begab er sich unter den Schutz der US-Navy, um eine Gefangennahme durch die Truppen der Koalition zu verhindern.

Nach dem Ende der Episode Walker wurde Managua zur neuen Hauptstadt ernannt, als Kompromiß zwischen Granada und León. Doch wieder kam es zum Bürgerkrieg. Den nahmen die USA im Jahr 1912 zum Vorwand für eine Invasion, um in Nicaragua „das Leben und den Besitz von Amerikanern zu schützen". Die Besatzer blieben zwei Jahrzehnte lang.

Ende der zwanziger Jahre erschien ein Mann auf der Bildfläche, der die kommenden Generationen der revolutionären Bewegung Nicaraguas inspirieren sollte. Der Nationalist Augusto César Sandino kämpfte sechs Jahre lang mit Guerillataktiken gegen die US-Besatzer. Die Verluste unter den US-Truppen waren hoch, und der Krieg wurde in der US-amerikanischen Öffentlichkeit zunehmend unpopulär. Schließlich zogen sich die USA 1933 zurück, doch nicht ohne eine gut ausgerüstete Nationalgarde zu hinterlassen, die von nun an den neuen starken Mann Nicaraguas beschützen sollte, Anastasio Somoza. Nach dem Rückzug der USA beschloß Sandino, die Waffen niederzulegen und Verhandlungen mit Somoza aufzunehmen. Der lockte den Volkshelden im Februar 1934 in einen Hinterhalt und ließ ihn ermorden.

Während der kommenden vierzig Jahre waren die Angehörigen des Somoza-Clans die uneingeschränkten Herrscher im Land. Sie monopolisierten nahezu alle profitablen Wirtschaftszweige und überließen die Bevölkerung ihrem Schicksal in Armut. 1956 wurde Anastasio Somoza von dem Poeten Rigoberto López Pérez erschossen, doch damit war die Ära Somoza noch längst nicht beendet. Der älteste Sohn des Diktators, Luis, führte das unheilvolle Werk seines Vaters weiter. Als er 1967 starb, übernahm sein jüngerer Bruder Anastasio die Präsidentschaft. Ausgerüstet mit einem Diplom der berühmten US-Armeeschule West Point verbot er die Gewerkschaften, ließ die bekanntesten Bauernführer ermorden und alle Oppositionsparteien auflösen. Diese repressiven Methoden und die Korruption im Staatsapparat stärkten die Sympathien der Bevölkerung für die Opposition im Untergrund. 1961 hatte der Studentenführer Carlos Fonseca die sandinistische Front der nationalen Befreiung, FSLN, gegründet. Außerdem provozierte die zunehmende Brutalität der Nationalgarde den Widerstand großer Teile der wohlhabenden Nicaraguaner, die davon überzeugt waren, daß Frieden und Sicherheit für ihre Geschäfte nur mit einem Ende der Diktatur erreicht werden könnten. Joaquín Chamorro, Besitzer der konservativen Tageszeitung „La Prensa", rief Somoza öffentlich zum Rücktritt auf. Als Chamorro im Jahr 1978 erschossen wurde, begann sogar ein Teil der kleinen Oberschicht, die Sache der sandinistischen Guerillakämpfer zu unterstützen. Auch die USA zogen sich zurück und überließen den Sandinisten das Feld. 1979 floh Anastasio Somoza nach Miami mit der Nationalkasse und dem Sarg seines Vaters im Gepäck.

Die Sandinisten fanden ein wirtschaftliches und soziales Chaos vor. Sie verstaatlichten das Land und die Industrien der Somozas, die vierzig Prozent der wirtschaftlichen Ressourcen Nicaraguas kontrolliert hatten. Mit breit angelegten Alphabetisierungs- und Gesundheitskampagnen bemühten sie sich um eine Verbesserung der Lebensbedingungen auf dem Land. Doch die kurze Zeit der relativen Ruhe endete im Jahr 1981 mit der Amtsübernahme des neuen US-Präsidenten Ronald Reagan, der die Sandinisten zu Staatsfeinden erklärte. Er war überzeugt davon, daß sie mit Hilfe der Sowjetunion und Kubas einen Dominoeffekt auslösen wollten, um ganz Lateinamerika unter den Einfluß des internationalen Kommunismus zu bringen.

Reagan begann, die Überbleibsel der Nationalgarde zu einer schlagkräftigen konterrevolutionären Guerillatruppe – genannt „die Contras" – auszurüsten. Der Bürgerkrieg verschlang wichtige Ressourcen, die die Sandinisten dringend für den Aufbau des Landes benötigt hätten. Trotz der enormen finanziellen Unterstützung aus den USA konnten die Contras die Macht der Sandinisten nie ernsthaft gefährden. 1988 kam es zu den ersten Friedensgesprächen. Doch die Geduld der kriegsmüden Bevölkerung war aufgebraucht. Die Präsidentschaftswahlen 1990 wurden zu einer Abstimmung über eine Fortführung des Kriegs oder eine Annäherung an die USA und die versprochene Wirtschaftshilfe. Überraschend gewann die Vereinigung der nicaraguanischen Opposition, UNO, 55 Prozent der Stimmen, gegenüber 41 Prozent für die Sandinisten. An der Spitze der UNO, einer Koalition aus 14 Parteien, stand die Witwe von Joaquín Chamorro, Violeta Chamorro. Während ihrer Legislaturperiode, die von wirtschaftlichen Krisen und sozialen Spannungen geprägt war, bemühte sich Chamorro um nationale Versöhnung.

1996 wurde der frühere Bürgermeister Managuas, der konservative Arnoldo Alemán, zum Präsidenten gewählt. Innerhalb weniger Wochen ging er auf Konfrontationskurs zu den Sandinisten und übergab die politischen Entscheidungen weitgehend dem Diktat des Internationalen Währungsfonds und der Weltbank. Ansonsten glänzt seine Regierungsmannschaft mit Korruption und dem Fehlen eines klaren Programms. Diese konfuse Politik hatte im November 1998 tragische Konsequenzen. Die Regierung spielte die Gefahren des herannahenden Hurrikan Mitch herunter und unterließ die Evakuierung bedrohter Gebiete. Viertausend Menschen starben.

Ein Recht auf Kinderarbeit

Arbeitende Kinder fordern Schutz vor Ausbeutung

Was für eine Frage: „Haben Kinder ein Recht auf Arbeit?" Ist Kindheit nicht eine Lebensphase, die Raum zum Spielen und Lernen geben soll? Ist es nicht die Aufgabe von Erwachsenen, Kinder vor der Arbeitswelt und ihren Problemen zu schützen? Man kann Kindern doch keine Rechte einräumen, die ihnen die Verantwortung eines Erwachsenen aufbürden...

Auf solche und ähnliche Argumente stützen sich die Befürworterinnen und Befürworter eines Verbots von Kinderarbeit. Doch obwohl es in den meisten Ländern der Welt entsprechende Gesetze gibt, müssen nach Schätzungen der Vereinten Nationen weltweit an die 300 Millionen Kinder unter 15 Jahren arbeiten. Ihre Tätigkeit ist illegal, weil Kinderarbeit verboten ist. Sie sind schutz- und rechtlos der Ausbeutung ausgeliefert. Pauschale Verbote schaden den Kindern meist mehr, als daß sie ihnen nutzen. Das bedeutet natürlich nicht, daß ausbeuterische Formen von Kinderarbeit und Kindersklaverei nicht bekämpft werden sollten.

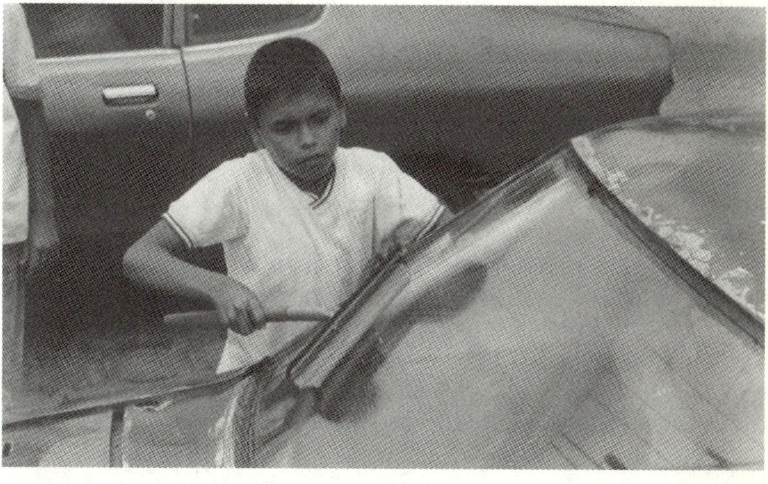

Die Weihnachtsgeld-Kampagne der NATRAS

Die zehnjährige Aseli steht jeden Tag an derselben Straßenkreuzung der nicaraguanischen Hauptstadt Managua. Sobald die Autoampel auf rot schaltet, läuft sie flink zwischen den Wagen hin und her und bietet den Fahrern ihre Waren an – Kosmetika, Süßigkeiten und Schnürsenkel. Meist verdient sie etwas mehr als ihre Freunde, die an derselben Kreuzung Getränke, Blumen und Zeitungen verkaufen. Aselis kindliches Lächeln und ihre lockigen Haare veranlassen einige Autofahrer, die Fensterscheibe runterzukurbeln und etwas aus dem kleinen Warenkorb zu kaufen. Aseli ist stolz auf ihren Erfolg. Von der Auffassung, Kinderarbeit müsse verboten werden, hält sie überhaupt nichts: „Nicht die Arbeit sollte verboten werden, sondern die Ausbeutung. Wir brauchen das Geld für unsere Ausbildung und unseren Lebensunterhalt. Wenn wir nicht mehr arbeiten dürften, könnten wir nicht genug zu essen kaufen."

Aseli hat sich der nicaraguanischen Bewegung arbeitender Kinder NATRAS angeschlossen. Sie weiß, welche Rechte ihr als Kind zustehen. „Aber hier in Nicaragua werden unsere Rechte nicht respektiert. Wir haben ein Recht auf Gesundheitsversorgung, aber die Ärzte sind teuer. Wir haben ein Recht darauf, unsere Meinung zu sagen, aber niemand hört uns zu."

Die Regierung des konservativen Präsidenten Arnoldo Alemán hat die Staatsausgaben im Bildungsbereich unter dem Druck des Internationalen Währungsfonds auf ein Minimum gekürzt. Viele Institute sollen privatisiert werden, um den Staatshaushalt zu entlasten. Die meisten Kinder armer Familien können nur dann zur Schule gehen, wenn sie ihr eigenes Geld verdienen, denn bei 65 Prozent Arbeitslosigkeit haben viele Eltern nicht die Möglichkeit, ihre Familien ausreichend zu versorgen.

In dem 4,5 Millionen Einwohner zählenden Nicaragua bestreiten über 300.000 Kinder ihren Lebensunterhalt weitgehend selbst, rund 3.000 sind in der Bewegung arbeitender Kinder NATRAS organisiert. Eine ihrer Sprecherinnen ist die dreizehnjährige Magaly. Sie erklärt: „Wir NATRAS haben die Regierung schon oft dazu aufgefordert, Arbeitsplätze für die Erwachsenen zu schaffen. Aber der Präsident hört nicht auf uns."

Einige internationale Hilfsorganisationen argumentieren, arbeitende Kinder würden den Erwachsenen die Arbeit wegnehmen. Doch die meisten Jungen und Mädchen sind im sogenannten informellen Sektor beschäftigt – ohne Arbeitsvertrag, ohne Rechtsschutz, illegal.

Trotzdem wollen sie, daß ihr Beitrag zum Bruttosozialprodukt anerkannt wird. Magali berichtet: „Wir NATRAS organisieren jedes Jahr im Dezember eine Kampagne, mit der wir ein Weihnachtsgeld fordern. Das steht uns genauso zu wie den Erwachsenen. Wir gehen zu den Zeitungsredaktionen und Rundfunkanstalten, damit sie auf unsere Kampagne aufmerksam machen."

Wenn die NATRAS-Kinder in der Vorweihnachtszeit ihre Waren oder Dienstleistungen anbieten, bitten sie ihre Kunden, das Doppelte zu zahlen. Ein Schuhputzer zum Beispiel fordert statt einem Córdoba (15 Pfennig) zwei, ein Autowäscher statt zwei Córdoba vier. „Die Kampagne motiviert uns sehr", meint der Zeitungsverkäufer Franzisco. „Durch sie wird die Weihnachtszeit wirklich zu einer besonderen Zeit. Wir geben den Leuten einen Zettel, der unser Anliegen erläutert. Einige der Kunden bezahlen mehr, damit wir ein schönes Weihnachtsfest verbringen können. Andere sagen, sie hätten nicht einmal genug Geld für ihre eigenen Kinder. Die zahlen dann den normalen Preis."

Die Weihnachstgeld-Kampagne wird monatelang vorbereitet. Auf Delegiertenversammlungen legen die Kinder Ziele fest und tüfteln Aktionsformen aus. Sie verstehen das Weihnachtsgeld nicht als Geschenk, sondern als Anerkennung für ihre Arbeitsleistung. Das unterscheidet die Kampagne grundsätzlich von den verschiedenen Benefizveranstaltungen, mit denen reiche Damen, Diplomaten oder karitative Hilfswerke alljährlich zu Weihnachten die „armen Kinder" bescheren.

Auch die Sozialarbeiterin Jamileth Ocampo, die die NATRAS-Bewegung unterstützt, meint, die Bedeutung der Weihnachtsgeld-Kampagne gehe über die direkte Hilfe hinaus: „Es geht nicht einfach nur darum, ein paar Córdoba mehr zu verdienen. Die Kinder wollen, daß die Gesellschaft den Wert ihrer Arbeit anerkennt. In der Wirklichkeit Nicaraguas trägt das Kinderarbeitsverbot in keiner Weise zum Schutz der Kinder bei. Ein gutes Beispiel ist der Ampelplan. Der hat nur dazu geführt, daß die Kinder gefährdet und mißhandelt wurden."

Der sogenannte Ampelplan war ein Vorhaben der Regierung, die Straßenkreuzungen Managuas unter dem Vorwand der Abschaffung von Kinderarbeit zu säubern. Monatelang hat die Polizei versucht, die arbeitenden Kinder von den Ampeln fernzuhalten. Die Jungen und Mädchen waren den Übergriffen der Polizisten ausgeliefert und mußten sich in die gefährlichen Armenviertel Managuas zurückziehen. Die NATRAS reagierten mit Protestmärschen und Unterschriftenaktionen. Wenig später war der Ampelplan in den Schubladen des Innenministeriums verschwunden.

Carlos Arana, Koordinator eines Ausbildungszentrums für Jugendliche, kennt den Alltag der arbeitenden Kinder sehr gut. Er weiß, daß ihre Bedürfnisse nicht mit den Plänen der Regierung und verschiedener internationalen Institutionen wie zum Beispiel UNICEF in Einklang zu bringen sind: „Es gibt hier eine Kommission zur Abschaffung der Kinderarbeit, die sagt, Kinder sollen zur Schule gehen und nicht arbeiten. Aber wie soll das möglich sein, wenn die Regierung die öffentlichen Schulen schließt? Für viele Kinder ist ihre Arbeit eine Voraussetzung dafür, daß sie sich eine Ausbildung leisten können. Einige arbeiten, damit ihre jüngeren Geschwister in der Schule bleiben. Die Folge einer Abschaffung von Kinderarbeit wäre mehr Armut und weniger Kinder in den Schulen. Anstelle eines Verbots wäre es viel besser, den arbeitenden Kinder beizustehen, und sie vor Ausbeutung und Mißhandlungen zu schützen."

UN-Statistiken zufolge ist Nicaragua nach Haiti das zweitärmste Land Amerikas. Nur jedes fünfte Kind beendet die sechsjährige Primarstufe erfolgreich. Nach und nach setzt sich in Nicaragua die Erkenntnis durch, daß ein Verbot von Kinderarbeit in der derzeitigen wirtschaftlichen Situation sinnlos ist. Der Lehrer Carlos Arana meint: „Das Ziel sollte nicht sein, etwas zu verbieten, sondern die Rechte der Kinder anzuerkennen. Mit Verboten werden wir unserer Verantwortung für die Kinder nicht gerecht." Dem kann das Mädchen Magaly nur zustimmen: „Die Arbeit an sich ist nicht schlecht. Schlecht sind die Bedingungen. Das Arbeiten fällt vielen Kindern deshalb schwer, weil sie ausgebeutet und mißhandelt werden. Aus diesem Grund kämpfen wir für die Möglichkeit, eine ehrliche, gesicherte und würdevolle Arbeit leisten zu können, in der unsere Rechte respektiert werden."

Kinder, die in der Hauptstadt Managua leben, haben im Vergleich zu den meisten ihrer Altersgenossen auf dem Land noch relativ viele Möglichkeiten, eine Ausbildung zu bekommen. Im Norden Nicaraguas, im Tal von Jalapa, sind die Bedingungen viel schwieriger.

Ausbeutung im Dunst des Tabaks

Die Siedlung der Finca La Mia ist eine Ansammlung ärmlicher Hütten, in denen vorwiegend alleinstehende Frauen mit ihren Kindern leben. Viele Männer sind im Krieg gefallen, einige haben ihre Familien verlassen, um anderswo ihr Glück zu versuchen. Das Gebiet erscheint wie ein vergessener Fleck Erde. Der Weg, der an der Finca vorbei in das kleine Städtchen Jalapa führt, ist nicht viel mehr als ein schlammiger Landpfad, unterbrochen von schmalen Brücken, die pestizidverseuchte Wasserläufe überqueren.

Früher war die Finca La Mia eines der Besitztümer des allgegenwärtigen Diktators Anastasio Somoza, der sich nie um Infrastrukturmaßnahmen zum Wohle der Bevölkerung gekümmert hat. 1979 übernahm die Revolutionsregierung der Sandinisten die Macht in Nicaragua und verteilte große Landstücke an Bauernkooperativen. Doch seitdem sich auch in Nicaragua der neoliberale Glaube durchgesetzt hat, die Einflußnahme des Staates müsse den Kräften des freien Marktes weichen, bestimmen wieder ausländische Firmen die Produktion auf dem fruchtbaren Land der Finca La Mia. Reiche Exilkubaner aus den USA haben riesige Äcker gekauft, um Tabak anzupflanzen.

Bis 1997 hinein war das Tabakgeschäft enorm profitabel. Santiago Monberio, Teilhaber einer der größten Tabakkonsortien Jalapas, erklärt, warum die Marktbedingungen heute nicht mehr so günstig sind: „Der Tabak war lange Zeit über die wichtigste Einkommensquelle der Leute hier. Doch dann haben auch die Kleinbauern Tabak angepflanzt, so daß es zu einem Überangebot gekommen ist. Die Lagerhallen sind voll, und nur noch wenige Unternehmen können Profit machen."

Als Reaktion auf die schlechte Marktlage haben

mehrere Firmeneigner die Auszahlung der Gehälter storniert. Für die Lebensbedingungen der Arbeiter zeigen sie wenig Interesse. Antonia Vilches, deren drei Töchter auf den Tabakfeldern arbeiten, meint: „Wir sind den Geschäftsleuten egal. Sie interessieren sich nur für ihre Profite. Zur Zeit schuldet die Firma den Arbeitern acht Monatsgehälter. Aber die Verwalter fragen nicht danach, ob die Kinder genug zu essen haben."

Fünfzig Prozent des Tabak in dem Gebiet um Jalapa wird von Kindern geerntet, die noch keine 15 Jahre alt sind. Diese Situation kommentiert der Geschäftsmann Santiago Monberio so: „Ich würde das nicht als Ausbeutung bezeichnen. Es geht hier um das wirtschaftliche Überleben der Nation. Aus demselben Grund müssen auch Kinder arbeiten. Hier in Jalapa fangen sie mit 13, 14 Jahren an. Sie helfen ihren Eltern auf dem Feld." Womöglich weiß es der Geschäftsmann wirklich nicht besser, oder er möchte verheimlichen, daß die jüngsten Arbeiter bei der Tabakernte erst acht oder neun Jahre alt sind. Die dreizehnjährige Guadalupe zum Beispiel hat vor vier Jahren das erste Mal auf einem Tabakfeld gearbeitet: „Anfangs ist es hart und alle Muskeln tun dir weh. Aber mit der Zeit gewöhnst du dich daran."

Guadalupe kann an einem achtstündigen Arbeitstag zwölf Córdobas verdienen, das sind etwa zwei Mark. „Es tut mir sehr leid, daß meine Töchter auf dem Feld arbeiten müssen", sagt Guadalupes Mutter, Antonia Vilches. „Ich weiß, wie schwer die Arbeit ist. Aber was soll ich machen? Ich würde sie ja gerne alle zur Schule schicken, aber ich habe nicht genug Geld."

Die meisten Kinder auf der Finca La Mia haben keine andere Wahl, sie müssen arbeiten. „Ich brauche das Geld für meine Schuhe, Kleidung und was zu essen", sagt Guadalupe, die älteste von vier Geschwistern. „Meine Mutter arbeitet, aber sie ist allein und kann nicht für uns alle sorgen. Deshalb geht nur unser kleiner Bruder in die Schule."

Arbeitende Kinder sind die ersten Opfer des Rauchens

Die Kinder auf den Tabakfeldern ertragen drückende Hitze, prasselnden Regen und die Flüche der Aufseher. Doch die größte Gefahr ist unsichtbar: die Pestizidrückstände auf den Tabakblättern. „Manche Kinder werden krank", berichtet Guadalupe. „Ihnen wird schwindelig, und das Herz schlägt schneller. Die Chemikalien brennen sich in die Haut ein und manchmal verändert sich deren Farbe. Nach der Arbeit stinken die Kleider so sehr, daß du sie jeden Tag waschen mußt."

Der Sozialarbeiter Rufino Duarte hat früher auch auf den Feldern der Finca La Mia gearbeitet. Heute versucht er mit Unterstützung der Nichtregierungsorganisation IMPRUH, die arbeitenden Kinder zu organisieren. Er hat eine Landschule für fünfzig Schülerinnen und Schüler eingerichtet und einige Tabakproduzenten dazu überredet, sich an der Finanzierung zu beteiligen. Außerdem hilft er den Familien von Unfallopfern. „Einmal ist ein Junge in einer Lagerhalle von einem Pfosten gestürzt. Er sollte Tabak zum Trockenen aufhängen. Die Mutter ist zu mir gekommen, weil die Firma den Arbeitsunfall nicht anerkennen wollte. Der Verwalter hat ihr nicht einmal Geld für Schmerztabletten gegeben. Der Junge wurde entlassen."

Rufino hat Anzeige gegen die Firma erstattet. Mit solchem Verhalten macht er sich nicht gerade beliebt bei den Geschäftsleuten, umso mehr aber findet er Unterstützung bei den Müttern. „Wir sind jetzt besser organisiert", meint Antonia Vilches. „Mit Hilfe von Rufino haben wir ein Komitee von sechs Müttern gegründet, das die Kinder schützt. Gerade die Kleinsten werden von den Aufsehern oft sehr schlecht behandelt. Manchmal erlauben sie ihnen nicht einmal eine Frühstückspause. Dagegen haben wir protestiert. Außerdem haben wir erreicht, daß die Kinder eine Möglichkeit bekommen, sich die Hände zu waschen, bevor sie essen. Das ist wichtig wegen all der Chemikalien auf den Tabakfeldern."

Das Ordnen und Glattstreichen der Tabakblätter nach der Ernte gilt als Frauenarbeit. Aber auch einige zehnjährige Mädchen arbeiten in den Hallen der Tabakfirmen, in denen Dutzende Arbeiterinnen stundenlang eng nebeneinander stehen und runzelige Blätter sortieren, umgeben von einem erbärmlichen Nikotingestank. Das Fehlen einer angemessenen Durchlüftung in den stickigen Holzgebäuden soll zum schnelleren Trocknen der Blätter beitragen.

Fast der gesamte Tabak Nicaraguas wird exportiert. Das weiß auch Rufino Duarte. Seiner Meinung nach haben die Raucher im Ausland eine Verantwortung für die gesundheitsschädlichen Arbeitsbedingungen auf der Finca La Mia. „Die Zigaretten sind Produkte der Ausbeutung von Kindern, Jugendlichen und armen Bauernfamilien. Wenn sich die Raucher das bewußt machen würden, müßten sie erkennen, daß sie mit ihrem Kauf nicht die Arbeiter unterstützen, sondern einige wenige reiche Geschäftsleute."

Nachrichten über Antiraucher-Kampagnen in den USA und Europa sind auch nach Nicaragua gedrungen. Rufino Duarte hat Verständnis für das Anliegen der Gegner des Rauchens: „Die Kampagne ist gut, weil Rauchen die Gesundheit der Menschen angreift. Aber bisher geht es dabei nur um das Interesse der Nichtraucher, obwohl der Tabak zuallererst die Gesundheit der arbeitenden Kinder bedroht. Doch dafür scheint sich niemand zu interessieren."

Die kleine Guadalupe hat wenig Hoffnung, daß sich die Situation der Kinder auf den Tabakfeldern und in den Verarbeitungshallen der Finca La Mia bald ändern wird: „Ich glaube, es wird immer so sein. Der Tabak wächst jedes Jahr neu. Er wird gepflanzt und geerntet, gepflanzt und geerntet. So geht das immer weiter."

Ganz einfach anders

Weit entfernt von einer vorurteilsfreien Sexualität

Stampfende Rhythmen, grelle Farben, blitzende Lichter, tanzende Männer. In Managua ist die Discothek Loco's einer der wenigen Treffpunkte für Homosexuelle. Um Mitternacht hat sich die Tanzfläche so sehr gefüllt, daß einige Paare zwischen den Tischen tanzen müssen. Manche sind eng umschlungen, die Hände auf die Hüften des Partners gelegt, andere beim Paartanz, rechts – links – Wechselschritt.

Kein Platz für Homosexuelle

Der achtzehnjährige José kommt fast jedes Wochenende ins Loco's, wo er unbesorgt seinen Freund umarmen kann. Zu Hause oder in der Schule ist das unmöglich: „Meine Klassenkameraden wissen nicht, daß ich schwul bin. Ich würde es ihnen auch nicht sagen. In diesem Land werden Homosexuelle diskriminiert, und ich möchte nicht, daß sich meine Freunde von mir abwenden."

Die lateinamerikanische Kultur ist geprägt von einem Männlichkeitswahn, der die Rollenverteilung zwischen Mann und Frau klar definiert: Der Mann hat das Sagen. Der Machismo läßt keinen Platz für Liebesbeziehungen zwischen Männern. Die meisten Homosexuellen lernen schon früh, ihre Gefühle zu verbergen. Der 27jährige Tanzlehrer Cristian ist einer der wenigen Männer in Managua, die sich öffentlich zu ihrer Homosexualität bekennen. Aber es war ein langer Weg bis zu seinem Coming Out: „Als ich siebzehn Jahre alt war, habe ich meine Schwester gefragt, wie es möglich sei, daß sich einer meiner Schulfreunde in einen Mann verliebt habe. Sie hat mir geantwortet, eine solche Beziehung sei falsch und schlecht. Die Frau sei für den Mann bestimmt und der Mann für die Frau. So habe ich gelernt zu schweigen und meine Gefühle zu verbergen. Sie waren verboten."

Für Homosexuelle in Nicaragua ist ein Leben ganz ohne Selbstverleugnung unmöglich: „Romantik existiert hier nicht", bedauert Cristian, „außer in der Intimität eines Zimmers, in dem Haus eines

Freundes oder in einer Schwulendisco. In der Öffentlichkeit ist es unmöglich, daß zwei Männer Hand in Hand gehen. Sie würden beschimpft werden, mit Steinen beworfen und als Aids-Kranke abgestempelt."

Die Homophobie, eine irrationale Intoleranz gegenüber gleichgeschlechtlichen Liebesbeziehungen, ist nicht nur tief in der nicaraguanischen Kultur verwurzelt, sondern auch gesetzlich verordnet. Im Mai 1992 hat die Mehrheit der Parlamentsabgeordneten das Gesetz Nummer 150 verabschiedet, dessen Artikel 204 die sexuellen Praktiken der Nicaraguaner und Nicaraguanerinnen regulieren soll: „Diejenigen Personen, die in skandalöser Weise den Beischlaf zwischen Personen desselben Geschlechts praktizieren oder propagieren, begehen das Delikt der Sodomie. Das Strafmaß liegt bei einem bis drei Jahren Gefängnis."

Mit diesem Gesetz gehört Nicaragua neben Chile und Ecuador zu den drei lateinamerikanischen Ländern, die die Homosexualität kriminalisieren. Die Menschenrechtsorganisation amnesty international hat der nicaraguanischen Regierung mitgeteilt, daß sie Personen, die auf Grund ihres gewaltfreien Einsatzes für die Anerkennung der Rechte von Homosexuellen inhaftiert werden, als Gewissensgefangene ansieht. Außerdem verlangt die Organisation die Freilassung aller Männer und Frauen, die wegen einer Intimbeziehung zwischen Erwachsenen im privaten Rahmen bei völligem Einverständnis der Beteiligten zu einer Gefängnisstrafe verurteilt wurden. Doch obwohl der Staat mit dem Sodomie-Artikel in die Privatsphäre der Personen hineinregiert und so das verfassungsmäßig verankerte Recht auf Selbstverwirklichung verletzt, wird das Gesetz in der Praxis durchgesetzt. Oscar, ein Straßensozialarbeiter, der Aufklärungsarbeit zur AIDS-Prävention leistet, berichtet: „Kürzlich sind zwei Männer in ihrem eigenen Haus beim Sex überrascht und verhaftet worden. Das Urteil ist rechtskräftig. In den Gefängnissen werden Homosexuelle getrennt von den anderen Häftlingen untergebracht. Ihnen werden kleinere Zellen zugewiesen, und sie bekommen nahezu keine medizinische Versorgung."

Homosexuelle in Nicaragua werden als krank bezeichnet, aber wie Kriminelle behandelt. Wenn sie sich öffentlich zu ihrer Präferenz bekennen, riskieren sie den Verlust ihres Arbeitsplatzes. In einem Land, in dem die Arbeitslosenrate bei sechzig Prozent liegt, kann das existenzbedrohend sein. Daniel Centeno, ein erfahrener Jurist und langjähriger Rechtsberater des Parlaments, wurde entlassen, nachdem er an der Veröffentlichung eines Taschenkalenders beteiligt war, der auf-

klärerische Texte über das Thema Homosexualität enthält. Er meint: „Die Diskriminierung in Nicaragua und vor allem der Artikel 204 sind vergleichbar mit den Verhältnissen im Mittelalter in Europa während der Inquisition. Für einen Homosexuellen in Nicaragua ist es unmöglich, ein freies, offenes und spontanes Leben zu führen."

Im Vergleich zu anderen mittelamerikanischen Ländern wie El Salvador oder Guatemala äußert sich die Diskriminierung in Nicaragua weniger gewalttätig, doch auch hier hat es Mißhandlungen und sogar Mordfälle auf Grund der sexuellen Orientierung der Opfer gegeben. Daniel Centeno erläutert: „Unser Kampf ist ein anderer als der in Europa oder den USA. Dort kämpfen die Schwulen und Lesben darum, heiraten zu dürfen oder ein Kind adoptieren zu können. Sie fordern dieselben Rechte wie ein verheiratetes, heterosexuelles Paar. Im Vergleich dazu stehen wir hier noch ganz am Anfang. Wir wollen anerkannt werden und uns versammeln dürfen."

So etwas wie eine Schwulenbewegung gibt es in Nicaragua nicht. Die zwei Organisationen, die Unterstützungsarbeit leisten, schützen sich mit dem Deckmantel der AIDS-Aufklärung. Die drei Schwulendiscos Managuas müssen zeitweise geschlossen bleiben, um nicht zuviel Aufmerksamkeit zu erregen. Ein paar informelle Gruppen führen vereinzelte Aktionen durch, doch bei den meisten Homosexuellen ist die Angst, den Arbeitsplatz zu verlieren oder von der Familie und den Freunden abgewiesen zu werden, größer als der Mut, öffentlich aufzutreten und ihr Recht auf Selbstverwirklichung einzufordern. Der Straßensozialarbeiter Oscar übt Selbstkritik: „Wir Homosexuelle müssen eingestehen, daß wir uns oft als Opfer aufführen und viel kritisieren. Aber ich frage mich auch: Was tun wir eigentlich dafür, daß sich das ändert?"

Verborgene lesbische Liebe

Während der zehnjährigen Revolutionsregierung der Sandinisten ist das nicaraguanische Volk immer wieder zur Solidarität mit Benachteiligten und Minderheiten aufgerufen worden. Doch beim Thema Homosexualität stießen auch die Sandinisten an die Grenzen ihrer Toleranz. Mary Bolt, Gründerin von Xochiquetzal, einer Nichtregierungsorganisation, deren Veröffentlichungen sich auch mit dem Thema Homosexualität beschäftigen, erinnert sich: „Die Sandinisten haben einen Klassenkampf geführt, aber nicht gegen jede Form der Unterdrückung gekämpft. Auch im Sandinismo gab es eine Repression homosexueller und lesbischer Lebensweise. Unter dem Vorwand, daß ihre Aktivitäten konterrevolutionär seien und von reaktionären Gruppen ausgenutzt werden könnten, wurde verhindert, daß sich Homosexuelle organisierten. Es gab auch Fälle, in denen Sprecher der Homosexuellen inhaftiert und eingeschüchtert wurden."

Für lesbische Frauen ist es in der traditionell geprägten nicaraguanischen Gesellschaft meist noch schwieriger als für schwule Männer, ein selbständiges Leben zu führen. Die junge Journalistin Penélope zum Beispiel hat es bisher nicht gewagt, ihren Eltern von ihrer Liebesbeziehung zu einer Arbeitskollegin zu erzählen: „Viele Mütter reagieren so: ‚Du bist eine Schande für diese Familie. Mir wäre es lieber, du wärst eine Hure oder Diebin.' Die Töchter sind häufig wirtschaftlich und emotional besonders eng an ihr Elternhaus gebunden und haben große Angst vor Zurückweisung und Einsamkeit. Für die Männer ist es einfacher, allein zu leben. Sie können sagen: ‚Mama, ich bin, wie ich bin. Entweder du akzeptierst mich oder ich ziehe aus.' Besonders schlimm ist es, wenn dein Vater ein richtiger Macho ist. Solche Männer schlagen und erniedrigen ihre lesbischen Töchter. Das kann dein Leben in Stücke reißen."

In dem Mosaik der unterschiedlichen sexuellen Orientierungen ist die Transsexualität das wohl am meisten diskriminierte und am wenigsten verstandene Phänomen. In Nicaragua werden Transvestiten an den Rand gedrängt und oft nicht einmal von Homosexuellen respektiert. Transvestiten, Transsexuelle und Androgyne bezeichnen sich häufig selbst als „Frauen im Körper eines Mannes". Die biologischen Organe sind nur schwer mit der Seele in Einklang zu bringen. Für Transvestiten, die sich entschließen, ihre Weiblichkeit nicht zu verstecken, sondern sie mit Schminke und Frauenkleidern zu unterstreichen, ist es in Nicaragua nahezu unmöglich, eine Anstellung zu bekommen. Daniel Centeno meint: „Der typische Macho muß seine

Männlichkeit dadurch beweisen, daß er Alkohol trinkt, seine Frau schlägt, mehrere Söhne zeugt und im Haushalt die Hosen anhat. Das ist natürlich völliger Blödsinn. Meiner Meinung nach verhalten sich diejenigen Männer viel männlicher, die es wagen, so zu leben, wie es ihnen gefällt, ohne sich von sozialen Mustern einengen zu lassen. Die Transvestiten sind ein besonders außergewöhnliches und überzeugendes Beispiel. Obwohl sie Männer sind, entscheiden sie sich, Frauenkleider zu tragen, und sich wie Frauen zu verhalten. Das verdient Respekt, denn sie leben so, wie sie es wollen, und nicht so, wie die Gesellschaft es ihnen vorschreibt."

Einige Transvestiten haben das Glück und das nötige Talent, in der Nische der Unterhaltungsindustrie als Tänzerinnen oder Komiker auftreten zu können. Viele jedoch werden in die Prostitution gedrängt, weil sie in anderen Berufszweigen keine Chance bekommen.

Lachen, um nicht zu weinen

Alicia, Helen und Tatjana stehen jeden Abend an einer Straßenkreuzung in der Nähe der alten Kathedrale Managuas. Alle paar Minuten fahren Autos vorbei, aus deren Fenstern junge Männer herausschauen und anzüglich pfeifen, lachen, schlüpfrige Schimpfworte rufen oder sogar rohe Eier werfen. Helen, die tagsüber Carlos heißt, erzählt: „Manchmal fühle ich mich deprimiert und wütend. Wir sind doch auch Menschen und möchten von der Gesellschaft akzeptiert werden. Aber bei Tageslicht können wir nicht frei über die Straße gehen. Wir müssen den Anschein der Männlichkeit wahren, um nicht geschlagen oder angepöbelt zu werden."

Helens Freundin, die neunzehnjährige Tatjana, erscheint mit ihren schmalen Armen, dem zierlichen Gesicht und der sanften Stimme weiblicher als manche Frau. Sie hat gelernt, trotz der schmutzigen Umgebung und der Beschimpfungen, die sie nachts auf der Straße ertragen muß, eine fröhliche, unbeschwerte Atmosphäre zu verbreiten. „Das ist wie mit den Clowns, die lachen, um nicht zu weinen. Wir versuchen heiter zu sein, denn was würden unsere Klienten sagen, wenn wir sie nur mit einem traurigen Gesichtsausdruck anschauen würden."

Die meisten Transvestiten stehen nachts allein am Straßenrand. Tatjana aber bevorzugt die Gesellschaft ihrer beiden Freundinnen: „Wenn du allein bist, glauben die Leute, daß du dich nicht verteidigen kannst. Manchmal greifen sie dich an, obwohl du niemandem wehgetan hast. Die Straße ist unser Arbeitsplatz. Wir haben ein Recht darauf, respektvoll behandelt zu werden. Ich finde es gut, wenn uns die Leute nachts hier stehen sehen. So merken sie, daß es viele von uns gibt."

ai amnesty international

FÜR DIE MENSCHENRECHTE

Gegen die Diskriminierung der Homosexualität

AMNESTY INTERNATIONAL kämpft in internationalen Kampagnen für die Wahrung der Menschenrechte, die Freilassung von gewaltlosen politischen Gefangenen und gegen Todesstrafe und Folter.
1991 hat die Organisation den Einsatz für homosexuelle Gewissensgefangene in ihr Mandat aufgenommen. Seither setzen sich die Mitglieder weltweit gegen willkürliche oder staatlich legitimierte Diskriminierung von homo- oder bisexuellen Männern und Frauen ein.

AMNESTY INTERNATIONAL
Sektion der Bundesrepublik Deutschland, 53108 Bonn

Informationsbüro Nicaragua

Koordinationsstelle der Nicaragua-Solidarität

Das INFORMATIONSBÜRO NICARAGUA wurde 1978 gegründet, um den Befreiungskampf der Sandinisten gegen die Diktatur Somozas zu unterstützen. Zeitweise hat das Büro mehr als 300 Komitees und Aktionsgruppen koordiniert. Neben der Öffentlichkeitsarbeit in Deutschland engagiert sich das Informationsbüro heute auch in der solidarischen Unterstützung von Basisgruppen in Nicaragua, die versuchen, Prozesse sozialer Veränderung in Gang zu bringen.

INFORMATIONSBÜRO NICARAGUA
Postfach 101320, 42013 Wuppertal

COSTA RICA

Fläche:	**51.100 km²**
Bevölkerung:	**ca. 3.500.000 Einwohner**
Hauptstadt:	**San José (ca. 330.000 Einwohner)**
weitere Städte:	**Alajuela (180.000), Cartago (120.000), Puntarenas (100.000)**
Währung:	**Colón**
Pro-Kopf-Einkommen:	**2160 US-Dollar/Jahr**
Index der menschlichen Entwicklung:	**Platz 45**

Vor der Ankunft der Spanier war das heutige Costa Rica ein Gebiet des Handels zwischen den Maya im Norden Mittelamerikas und den Chipcha im Süden. Es gibt keine Anzeichen für vorkoloniale Städte. Heute leben weniger als 50.000 Nachkommen der indigenen Völker in Costa Rica. Sie sprechen zehn verschiedene Sprachen, vor allem Bribri und Cabécar.

Nachdem Costa Rica zum Ende des sechzehnten Jahrhunderts weitgehend unter spanische Kontrolle gelangt war, wurde das Gebiet dem Generalkapitanat Guatemala zugeteilt. In großer Entfernung zu den kulturellen Zentren der Kolonie kam es in Costa Rica nie zu derselben Landkonzentration wie in den nördlichen Nachbarregionen. Die Landbesitzer haben bis heute viel weniger Macht als zum Beispiel die guatemaltekische Oligarchie. Anstelle einer für die Region typischen Militärdiktatur entwickelte sich ein Staat ohne Armee.

Nach der Unabhängigkeit im Jahr 1823 suchte die neue Regierung nach einem Produkt, durch dessen Export die Steuer- und Zolleinnahmen erhöht werden könnten. Damals begann der Siegeszug des Kaffee in Mittelamerika. Um die Produktion zu steigern, verschenkte die Regierung große Landflächen für den Kaffeeanbau. Viele Menschen zogen von der Stadt aufs Land.

Die Jahrhunderte vergingen relativ friedlich unter demokratisch gewählten Regierungen. Die Aufstände in Guatemala und El Salvador schienen weit entfernt. Doch im Jahr 1948 erlebte auch Costa Rica einen Bürgerkrieg, ausgelöst durch einen Wahlbetrug. In den blutigen Kämpfen konnten sich die oppositionellen Kräfte unter Führung des Demokraten José Figueres durchsetzen. Eine neue Verfassung wurde ratifiziert, deren bemerkenswertestes Element das Verbot des Aufbaus einer Armee war. Unter Figueres' Führung verfolgte die Partei der Nationalen Befreiung, PLN, eine antikommunistische Politik, die nicht auf Repression, sondern auf sozialer Sicherheit fußte. Das staatliche Wohlfahrtssystem wurde so weit ausgebaut wie in keinem anderen Land Lateinamerikas. Trotzdem verlor Figueres 1958 die Präsidentschaftswahlen gegen eine Koalition kleiner konservativer Parteien. Zwölf Jahre später wurde er noch einmal zum Präsidenten gewählt.

Während der sechziger und siebziger Jahre erlebte Costa Rica ständige Spannungen mit seinem Nachbarland Nicaragua, wo der Diktator Somoza alle demokratischen Strömungen unterdrückte. Für ihn war Costa Rica als Zufluchtsland für Tausende politische Flüchtlinge ein ständiger Dorn im Auge.

1978 gewann wieder eine konservative Koalition die Präsidentschaftswahlen. Der neue Präsident, Rodrigo Carazo, setzte eine unpopuläre Wirtschaftspolitik durch, mit der er die Vorgaben des Internationalen Währungsfonds erfüllte. Das führte zu einer Radikalisierung der Arbeiterbewegung und der linken Kräfte, die mit der sandinistischen Revolution in Nicaragua sympathisierten. Sie erreichten sogar, daß Carazo aus Angst vor einer Invasion durch Somoza die Sandinisten unterstützte.

1982 wurde Luis Alberto Monge, ein Kandidat aus dem rechten Spektrum der PLN, zum Präsidenten gewählt. Er sicherte sich das Wohlwollen der US-Regierung, indem er die Militärs in El Salvador, Guatemala und Honduras unterstützte und so den Druck auf die Sandinisten in Nicaragua verstärkte. Zeitweise wurde Costa Rica zum Hauptempfänger von US-Wirtschaftshilfe in der Region. Die Washingtoner Regierung war an einer Stärkung der stabilen Demokratie als Gegenmodell zu den linken Revolutionsregierungen in Nicaragua und Kuba interessiert.

Monges Nachfolger Oscar Arias bemühte sich um eine neue, unabhängige Außenpolitik. Im Jahr 1987 präsentierte er in Esquipulas, Guatemala, einen Friedensplan, den die Präsidenten von El Salvador, Nicaragua, Guatemala und Honduras unterzeichneten. Für seinen Beitrag zum Friedensprozeß in Mittelamerika wurde Arias 1987 mit dem Friedensnobelpreis ausgezeichnet. Doch auf der innenpolitischen Plattform konnte Arias nur wenige Erfolge verzeichnen. Unter dem Druck der internationalen Finanzwelt setzte er neoliberale Anpassungsmaßnahmen und Einschnitte in das soziale Netz durch.

Im Februar 1990 gewann Rafael Ángel Calderón, Kandidat der Christlich Sozialen Partei PUSC, die Präsidentschaftswahlen mit einem Wahlkampf, in dem er vor allem die Interessen der ärmeren Schicht vertrat. Doch während seiner Amtszeit nahm Calderón wenig Rücksicht auf diese Wahlkampfversprechen. Obwohl die Arbeitslosenrate schnell anstieg, kürzte er die Staatsausgaben drastisch. Gleichzeitig förderte er die Öffnung zum Weltmarkt. Nachdem Costa Rica dreißig Jahre lang von einem Industrialisierungsmodell profitiert hatte, entwickelt sich die Ökonomie jetzt wieder zurück zu einem Rohstofflieferanten (Bananen, Kaffee, Holz, Fisch, Eisenerze).

1994 kam erneut die PLN an die Macht. Ihr Präsidentschaftskandidat war diesmal José María Figueres, der Sohn von José Figueres.

Auch er setzte deutliche Einschnitte im Bildungs- und Gesundheitswesen durch. 1998 verlor er die Wahlen gegen den Kandidaten der PUSC, den Unternehmer Miguel Ángel Rodríguez. Diesmal gaben nur 67 Prozent der wahlberechtigten Bevölkerung ihre Stimme ab. Im Vergleich zu anderen mittelamerikanischen Staaten ist das eine relativ hohe Wahlbeteiligung, aber die Costaricaner waren in den vergangenen Jahren an über 80 Prozent gewöhnt. Angesichts der Demontage des sozialen Wohlfahrtsstaats haben viele Menschen das Vertrauen in die beiden großen Parteien verloren.

Ein Schatz in den Tropen

Biologische Vielfalt im Visier der Globalisierung

In den Naturparks Costa Ricas leben Leguane, die größer sind als Katzen. Stundenlang blicken sie starr in das Grün des Dschungels, Lebensraum zahlloser weiterer urwüchsiger Reptilien. In diesem Garten Eden mit seinen exotischen Vögeln und Orchideen werden rund eine halbe Million Pflanzen- und Tierarten vermutet. Die durchschnittliche Überlebenszeit einer Art auf der Erde beträgt etwa fünf Millionen Jahre. Doch durch die Eingriffe des Menschen hat sich dieser Prozeß um mindestens das Tausendfache verkürzt.

Heilsame Enzyme und wertvolle Insekten

In Costa Rica kämpfen ganze Armeen von Naturschützern um den Erhalt der Artenvielfalt. Über ein Viertel der Landesfläche steht unter Naturschutz, mehr als in jedem anderen Staat der Welt. Seit einigen Jahren bemüht sich die costaricanische Regierung um Möglichkeiten, den ökologischen Reichtum ökonomisch nutzbar zu machen. Ein wichtiger Schritt in diese Richtung war die Gründung des Nationalen Instituts der Biodiversität INBio im Jahr 1989. Das Institut soll alle Pflanzen- und Tierarten Costa Ricas katalogisieren. Die Molekularbiologin Miriam Hernández erläutert: „Costa Rica ist geradezu ideal für diese Arbeit. Das Land besitzt einen besonderen Schatz in seiner Vielfalt an Mikroorganismen. Wenn ich im Wald bin, suche ich nach besonderen Böden. Ich sammle ungewöhnliche Bakterien. Auf Termitenhaufen zum Beispiel gibt es oft einzigartige Enzyme."

Die Bodenproben werden in den Laboratorien von INBio ausgewertet. Dort dampft und brodelt es wie in mittelalterlichen Alchimistenstuben. Junge Chemikerinnen und Biologen hantieren mit Flüssigkeiten, um den Geheimnissen der DNS-Struktur tropischer Gene auf die Spur zu kommen.

Der Laborangestellte Alvaro Martínez ordnet einige Halme und Zweige, während er von seiner Arbeit im Labor berichtet: „Wir untersuchen auch Pflanzen, die als natürliche Heilmittel bekannt sind.

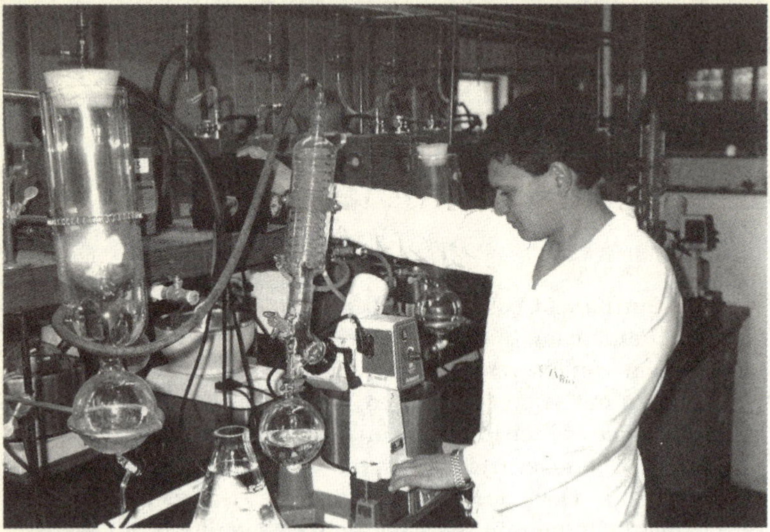

Entsprechend der üblichen Nutzungsweise kochen wir sie in Wasser oder Alkohol. Die Ergebnisse dieser Arbeit werden an ausländische Firmen geschickt, mit denen INBio zusammenarbeitet."

Zuständig für die Kontaktaufnahme mit den Pharmamultis im Ausland ist der deutsche Biologe Werner Nader. Wenn Besucher ins Institut kommen, führt er sie gerne durch das Archiv, dessen Räume an ein Naturkundemuseum erinnern. Die Wände sind gespickt mit bunten Schmetterlingen hinter Glasscheiben. In zahlreichen Plastiksäcken finden sich getrocknete Ameisenbataillone, und die Käfer im Gefrierfach des Kühlschranks sehen so lebendig aus wie die funkelnden Augen des Biologen, wenn er von der biologischen Vielfalt schwärmt: „In der Natur finden wir Inspiration und Innovation für die Entwicklung neuer Produkte. Ein schönes Beispiel ist die Vampirfledermaus. Sie hat in ihrem Speichel ein Enzym, das Blutgerinnsel auflöst. Aufgrund der Beobachtung, daß die Vampirfledermaus beim Trinken des Blutes ihres Wirts die Blutgerinnung verhindert, hat die Schering AG in Berlin ein Medikament entwickelt, mit dem sehr erfolgreich Herzinfarktpatienten behandelt werden."

Jahrhundertelang haben sich Pharmakologen aus aller Welt kostenlos in der Natur bedient, ohne daß die Ursprungsländer der Flora und Fauna einen Anteil an den Profiten bekommen hätten. Das soll sich ändern. Auf dem Umweltgipfel der Vereinten Nationen in Rio de Jainero wurde 1992 ein Abkommen verabschiedet, das die biologische Vielfalt nicht mehr wie zuvor üblich als ein gemeinsames Erbe der Menschheit definiert, sondern den einzelnen Staaten das Recht zuspricht, ihre Ressourcen eigenständig und umweltverträglich zu nutzen. In Costa Rica soll INBio dazu beitragen, daß die Gesellschaft und die Natur an der Wertschöpfung aus dem ökologischen Reichtum beteiligt werden.

Eines der wichtigsten Aufgabenfelder des Instituts ist die Bioprospektion, die systematische Suche nach neuen Anwendungsmöglichkeiten biologischer und genetischer Ressourcen. Das Ergebnis einer erfolgreichen Suche ist im üblichen Fall die Patentierung einer Entdeckung durch ein Pharmaunternehmen, dem INBio das Rohmaterial geliefert hat. Werner Nader erläutert: „Zum einen haben wir die Natur als Ideengeber, zum anderen das Industrieunternehmen mit seiner Forschungs- und Entwicklungsarbeit. Das Unternehmen will honoriert werden und seine Kosten abdecken, möglichst in zehnfacher Höhe oder mehr. Aber die Natur hat keine Patentanwälte. Sie kann sich nicht verteidigen. Deshalb muß ein Unternehmen, das Prototypen aus der Natur nutzt, bereit sein, sich am Naturschutz zu beteiligen."

In diesem Sinne leistet INBio Pionierarbeit. Bisher hat die Pharmaindustrie die Natur weitgehend als Selbstbedienungsladen angesehen. Werner Nader erzählt: „Noch vor kurzem hat mir ein deutscher Unternehmer gesagt, es sei eine Unverschämtheit von uns, Lizenzzahlungen zu verlangen. Wir sollten froh sein, wenn wir für ein Extrakt hundert Mark bekommen."

In dem Geschäft mit den mikroskopisch kleinen Enzymen werden Milliardensummen bewegt. Um ein erfolgreiches Pharmazeutikum zu entwickeln, müssen die großen Unternehmen in den USA, Europa und Japan etwa 400 Millionen Dollar investieren. Ein Arzneimittel, das am Markt durchschlägt, macht Umsätze im Bereich von einer Milliarde Dollar. In den Entwicklungsländern gibt es bisher noch kein Unternehmen, das die entsprechenden Investitionen aufbringen könnte. Lediglich ein Prozent der weltweit existierenden Patente sind an Menschen aus unterentwickelten Ländern vergeben worden, obwohl neunzig Prozent der Mikroorganismen von dort stammen. So stärkt das bestehende Recht am geistigen Eigentum die Interessen der großen Firmen. Daran hat auch das Modell von INBio wenig geändert. Wenn das Institut reine Bodenproben für ein später erfolgreiches Präparat liefert, kann es in Zukunft Lizenzzahlungen von nicht mehr als einem Prozent des Nettoumsatzes erwarten. Wenn außerdem eine erste intellektuelle Leistung bei der Suche nach biologischer Aktivität erbracht worden ist, können auch mal vier Prozent rausspringen. Diese niedrige Beteiligung wird von Seiten einiger Naturschutzgruppen heftig kritisiert.

Biopiraterie oder sinnvolle Nutzung?

Die Entwicklungssoziologin Silvia Rodríguez ist Mitglied einer Kommission, die ein neues Gesetz zur biologischen Vielfalt formuliert hat. In der Bioprospektion sieht sie eine moderne Form der Ausbeutung. „Seit den Zeiten von Kolumbus interessieren sich die Europäer nicht nur für das Gold und Silber Lateinamerikas, sondern auch für die Pflanzen. Ab dem siebzehnten Jahrhundert konnten sie organisches Material in ihren botanischen Gärten zwischenlagern. Die Briten zum Beispiel haben Kautschuk aus Brasilien über ihre botanischen Gärten in das von ihnen dominierte Malaysia gebracht und dort große Plantagen aufgebaut."

Heute werden die Ursprungsländer des genetischen Materials noch immer nicht an der Kommerzialisierung der Produkte beteiligt. Außerdem schützt das Patentrecht die Entdeckungen der Pharmaindustrie für einen Zeitraum von zwanzig Jahren. Diese Benachteiligung der Entwicklungsländer bezeichnet Silvia Rodríguez als Biopiraterie: „Es bleibt uns nichts anderes übrig, als an das moralische Gewissen der Unternehmer zu appellieren. Sie stellen das Patentrecht und Modelle wie das von INBio als außergewöhnliche Errungenschaften dar. Doch in Wahrheit ist der Abstand zwischen dem Elend in vielen Teilen Mittelamerikas und dem, was in den Laboratorien geschieht, riesig. Wo bleibt die soziale Gerechtigkeit, wenn große Firmen Patente für zwanzig Jahre bekommen, während viele Menschen in den Ursprungsländern des Rohmaterials nicht genug Geld für ihre Grundnahrungsmittel und Gesundheitsversorgung haben?"

Die Koordinatorin des Bioprospektionsprogramms von INBio, Ana Lorena Guevara, verteidigt ihre Arbeit gegen solche Vorwürfe: „Hätten wir denn die Situation des unregulierten Zugangs aufrecht erhalten sollen? Costa Rica würde dann weiterhin keinerlei Vorteile von dem Geschäft mit der biologischen Vielfalt haben. INBio hat zumindest eine gewisse Beteiligung erreicht und eine Ausbildung von zahlreichen Biotechnologen, zu der es ohne dieses Modell nie gekommen wäre."

Ein weiterer Kritikpunkt einiger Umweltschutzgruppen ist, daß die lokale Bevölkerung fast überhaupt nicht von der Arbeit des INBio profitiert, obwohl die Bodenproben aus ihrem natürlichen Umfeld stammen und sich die Forschung häufig an den Erfahrungen traditioneller Naturheilkunde orientiert. Patricia Blanco von der Stiftung zur Verteidigung der Erde IRIRIA TSOCHOK beklagt, daß sich die Pharmaunternehmen an dem Wissen der Landbevölkerung bereichern: „Sobald die Wirkung einer bestimmten Pflanzenart patentiert wird, verlieren die Gemeinden das Recht, sich an der Kommerzialisierung zu beteiligen. Der Profit bleibt bei dem Pharmaunternehmen, obwohl das Patent Ergebnis eines langen Prozesses ist, an dessen Anfang das Wissen der Landbevölkerung stand."

Einige der älteren Medizinmänner der indigenen Bevölkerung Costa Ricas beobachten mit Sorge, wie die Möglichkeit der Kommerzialisierung ihres traditionellen Wissens die Kultur der Völker verändert hat. Manuel Villanueva aus der Gemeinde Terraba erinnert sich an Zeiten, in denen die Älteren den Jüngeren ihr Wissen weitergaben und Kranke in der Nachbarschaft heilten, ohne dafür Geld zu verlangen. Doch durch die Einflüsse von außen ist die Heilkunst heute zu einem Geschäft geworden. Das Mißtrauen hat zugenommen. Die Medizinmänner geben ihr Wissen nicht mehr so freigebig preis. Manuel Villanueva berichtet von Fällen, in denen indigene Völker ihre Geheimnisse an ausländische Forscher verraten haben. „Heute dürfen sie die patentierten Pflanzen nicht einmal mehr anfassen. Wir haben Angst, daß es in Costa Rica ähnlich kommen wird. Deshalb haben wir unsere Brüder und Schwestern aufgefordert, mit niemandem mehr über ihr Wissen zu sprechen."

Dieses Schweigen hält Ana Lorena Guevara von INBio für den falschen Weg. „Es kann nicht darum gehen, den Menschen Angst zu machen. Vielmehr müssen wir sie stärken und ihrem Wissen einen Wert geben. Was hilft es, wenn wir sagen: ‚Schließt die Türen. Ihr besitzt einen großen genetischen Schatz, den ihr verteidigen müßt.' Viel besser wäre es, die Leute darüber zu informieren, wie sie diesen Reichtum nachhaltig nutzen können."

Die Globalisierung mit ihren Chancen und Gefahren dringt jeden Tag weiter in den Dschungel ein. Es scheint, als würden die Zeiten, in denen die Waldbewohner Costa Ricas ohne moderne „Nutzungskonzepte" leben konnten, bald der Vergangenheit angehören. Doch eine dieser „Inwertsetzungsmaßnahmen" werden die Umweltschutzorganisationen nie akzeptieren: die Goldminen.

Der Ruf des Goldes übertönt Ökoproteste

Ein rostiges Schild mit der Aufschrift „Zutritt verboten!" ist der einzige Hinweis auf die stillgelegte Goldmine Macacona im Westen von Costa Rica. Am Straßenrand der Panamericana deutet sonst nichts auf das ökologische Chaos hin, das die letzte Betreiberfirma im Jahr 1989 zurückgelassen hat. Nach sieben Jahren Tagebau waren mehrere Hügel abgetragen und Wasserläufe verseucht worden.

Über die Spuren der Schaufelbagger ist Gras gewachsen. Die hölzernen Bürohütten sind moosbedeckt. Nur eines der Gebäude ist bewohnt. Dem alten Wächter Rafael Angel Porras wurde nie gekündigt. Vor einigen Jahren ist er in die ehemalige Versammlungshalle gezogen. „Ich lebe hier mehr schlecht als recht", klagt er. „Seit die Besitzer verschwunden sind, bekomme ich keinen Lohn mehr. Jetzt warte ich ab, was geschehen wird."

Nach zehn Jahren als einziger legitimer Bewohner des Landstücks könnte Rafael Angel Porras einen Besitzanspruch geltend machen. Das costaricanische Gesetz gibt ihm die Möglichkeit dazu. Aber der mürrische Mann kann nicht lesen und versteht auch nicht viel von Gesetzen. Anstatt seinen Besitz zu legalisieren, verteidigt er die Mine weiterhin mit Machete und Pistole gegen unangemeldete Eindringlinge. Den meisten Ärger hat er mit Umweltschützern und Journalisten. Die wollen manchmal Fotos machen, ohne ihn um Erlaubnis zu bitten.

Die ersten Goldminen in Costa Rica wurden im Jahr 1820 gegraben. Heute sind die Vorkommen so gering, daß sich der Schachtbau nicht mehr lohnt. Einige Firmen sind zum kostengünstigeren Tagebau übergegangen. Zuerst roden sie den Wald, dann wird der fruchtbare Boden abgetragen und zuletzt eine dicke Erdschicht ausgehoben, in der sich winzige Goldpartikel befinden. Seither sind die Goldminen zu einem Streitobjekt zwischen multinationalen Konzernen und Ökoaktivisten geworden. Die einen preisen sie als Motoren des Fortschritts, die anderen bekämpfen sie als Feinde der Natur. Rafael Angel Porras hat Verständnis für die Gegner des Tagebaus: „Früher gab es hier fruchtbares, ebenes Land. Als die Bergbaufirmen kamen,

haben sie versprochen, nach ihrer Arbeit alles in Ordnung zu bringen. Aber schauen sie sich die Löcher doch an. Das Land ist zu nichts mehr zu gebrauchen."

Auch die Menschen in der Nachbarschaft der Mine sind von der Umweltzerstörung betroffen. Der Farmer Sergio Zuñiga hat nie geglaubt, daß die Goldvorkommen der Region einen Vorteil bringen würden. „Nirgendwo auf der Welt haben Goldminen den Menschen eine blühende Wirtschaft gebracht. Im Gegenteil, sobald die Konzerne abziehen, hinterlassen sie Armut, Elend, Verschmutzung und ein ökologisches Desaster."

Der Goldgehalt in den Böden der Tagebauminen Costa Ricas ist gering. Für das Material von zwei Hochzeitsringen müssen etwa zwölf Kubikmeter Erde ausgehoben werden. Aus denen wird das Gold unter Verwendung von vielen Litern Blausäure freigelegt. In der Mine Macacona kann man noch heute sehen, wie Regenwasser aus den Becken mit dem säurehaltigen Schutt in den nahegelegenen Bach überfließen konnte. Einige von Sergio Zuñigas Rindern sind gestorben, weil sie verseuchtes Wasser getrunken haben. „Die Minen selbst sind nicht groß, vielleicht dreißig, vierzig Hektar. Aber die Blausäure und die freigesetzten Metalle breiten die Zerstörung aus. Von den Bächen gelangen sie in die Flüsse, dann an die Küste und zuletzt ins offene Meer."

Viele der ehemaligen Minenarbeiter haben schwere Gesundheitsprobleme. Einige sind an Tuberkulose gestorben. In anderen Minengebieten ist die Luft verschmutzt. Kinder leiden an Asthma. Die Biologin Melisa Marin untersucht seit zwei Jahren den Grad der Verseuchung in der Umgebung der Mine Macacona. Die Forschungstätigkeit hat ihre Einstellung zu dem Metall verändert. „Heute halte ich Gold für ein oberflächliches Statussymbol. Viele Leute glauben, große Mengen Gold würden ihnen Stabilität und Anerkennung bringen. Aber die armen Bauern und Arbeiter leiden unter der Nachfrage in den fernen Ländern. Ihre Gesundheit und Umwelt wird angegriffen, obwohl sie selber kein Gold besitzen."

Umweltaktivisten fordern Wiederverwertung von Goldschmuck

Die meisten Minen Mittelamerikas werden von kanadischen Firmen betrieben. Sie kommen in die Region, weil die Produktionskosten geringer sind und die Naturschutzbestimmungen weniger streng gehandhabt werden als in Nordamerika. Die Zahl der Costaricaner, die an dem Goldgeschäft beteiligt sind, ist gering. Einer von ihnen ist der Geologe Franz Ulloa, Präsident der Firma Río Minerales. Er versichert: „Unsere Investoren wissen, daß sie heutzutage nicht mehr einfach unkontrolliert Naturschätze abbauen können. Sie wollen die Wirtschaft des Landes unterstützen. Die Bewertung eines Projekts hängt von der Sichtweise des Betrachters ab. Für uns ist es ein schöner Anblick, eine Mine zu sehen. Aber noch schöner ist es, zu beobachten, wie durch die Mine Projekte angestoßen werden, die der Entwicklung des gesamten Umfelds dienen."

Für die Forstwirtin Sonya Torres klingen diese Worte wie blanker Hohn. „Keine der Gemeinden, in denen Gold abgebaut wurde, hat dadurch einen wirklichen Fortschritt erlebt. Meinem Heimatdorf zum Beispiel ist nur ein Gefängnis geblieben, in das früher die betrunkenen Minenarbeiter gesteckt wurden. In einem anderen Ort erinnert eine alte Lokomotive an die Minengesellschaft. Außerdem gibt es viele Friedhöfe und zahllose Witwen und Waisen."

Der Bergbauberater Franz Ulloa räumt ein, daß die Minen Teile der natürlichen Umwelt der Gemeinden verändern. Doch er versichert, daß der Einsatz moderner Technik den Einfluß auf ein vertretbares Maß begrenzt. „Gold ist notwendig für den technologischen Fortschritt. Ohne Gold gäbe es kein Internet, keine Satelliten und auch nicht das kleine Gerät, mit dem sie dieses Interview aufnehmen. All diese Dinge benötigen Elemente aus Gold."

Die Elektroindustrie braucht fünf Prozent des weltweit verarbeiteten Goldes. 85 Prozent werden für Schmuck genutzt. Außerdem haben die Goldvorräte vieler Staaten lange Zeit den Wert ihrer Währungen gesichert. Doch seit der Einführung flexibler Wechselkurse, die sich an der Wirtschaftskraft der Länder orientieren, verkaufen viele Staaten Teile ihres Goldvorrats auf dem Weltmarkt. Deshalb meint die Ökoaktivistin Sonya Torres, der technologische Fortschritt sei nicht wirklich auf neue Goldminen angewiesen: „Wenn wir all das Gold nutzen würden, das die reichen Länder in ihren Banken als eitles Zeichen der Macht gelagert haben, dann könnten wir 540 Jahre lang auskommen, ohne neues Gold aus der Erde zu holen."

In Costa Rica haben sich zahlreiche Organisationen und Bürgergruppen zu einer Nationalen Front in Opposition zu den Goldminen zusammengeschlossen. Sie fordern eine Wiederverwendung des schon freigelegten Goldes. Aber die zuständigen Regierungsstellen bleiben tatenlos. Sie tolerieren sogar Minen, in denen Gold illegal abgebaut wird. Im Fall der Mine Beta Vargas im Westen von Costa Rica hat die kanadische Firma Lyon Lake Mines die Zustimmung des Umweltministeriums bekommen, nicht aber die notwendige Lizenz der Provinzregierung. Trotzdem haben die Kanadier einen ganzen Hügel abtragen können. Der Direktor der Minenabteilung des Umweltministeriums, Luis Olera, verteidigt die Position seiner Behörde: „Das Gerede von Naturzerstörung ist völlig übertrieben. Es ist durchaus möglich, einen aus entwicklungspolitischer Sicht nachhaltigen Goldabbau zu betreiben. Dafür sorgt die Ernsthaftigkeit der staatlichen Stellen und der beteiligten Firmen."

Die Menschen in der Umgebung der Mine Beta Vargas haben einschlägige Erfahrungen mit dieser angeblichen Ernsthaftigkeit gemacht. Lidia Trejos, Hausfrau und Mutter von vier Kindern, berichtet von einem Treffen mit dem Vize-Umweltminister: „Unser Komitee hatte einen Termin mit ihm vereinbart, aber er kam drei Stunden zu spät. Als er endlich da war, hat er fast überhaupt nicht zugehört. Ich wollte ihm die Gründe für unseren Widerstand erläutern, aber er hat mich unterbrochen und erklärt, er habe gerade selber die Mine Beta Vargas besucht. Seiner Ansicht nach arbeitet das Unternehmen vorbildlich."

Der Ruf des Goldes ist lauter als die Proteste der betroffenen Anwohner. „Für mich war das Treffen eine große Enttäuschung", sagt Lidia Trejos. „Costa Rica gilt als ökologisch fortschrittliches Land mit grünem Image. Aber im Fall der Goldminen kümmert sich die Regierung nicht einmal um die Einhaltung der eigenen Umweltauflagen."

Seit ihrer Existenz auf der Erde haben die Menschen über 100.000

Tonnen Gold aus dem Boden geholt. Goldminen haben schon immer einem kleinen Personenkreis innerhalb kurzer Zeit große Profite beschert. „Wenn das so weitergeht“, prophezeit der Farmer Sergio Zuñiga, „wird das Gold eines Tages nichts mehr wert sein. Dann werden Nahrung, Wasser und saubere Luft viel wertvoller sein.“

ARA

Arbeitsgemeinschaft Regenwald und Artenschutz

ARA ist in den achtziger Jahren aus der Bürgerbewegung gegen die Vernichtung der Regenwälder hervorgegangen. Durch die Veröffentlichung verschiedener Medien und den Dialog mit PolitikerInnen versucht ARA heute, Einfluß auf politische Entscheidungen zu nehmen, die Auswirkungen auf den Fortbestand der tropischen Regenwälder und die Lebensbedingungen ihrer BewohnerInnen haben. In Costa Rica unterstützt ARA die Stiftung IRIRIA TSOCHOK in ihren Bemühungen um den Erhalt der tropischen Umwelt der indigenen Bevölkerung.

ARBEITSGEMEINSCHAFT REGENWALD UND ARTENSCHUTZ,
Klasingstraße 17, 33602 Bielefeld

DEUTSCHE WELTHUNGERHILFE

Selbstbestimmte Entwicklung

Mit über viertausend Projekten in neunzig Ländern fördert die WELTHUNGERHILFE benachteiligte Bevölkerungsgruppen in ihrem Kampf um selbstbestimmte Entwicklung, die Wahrung der Menschenrechte, Ernährungssicherung und den Schutz der natürlichen Umwelt. In Costa Rica arbeitet die WELTHUNGERHILFE unter anderem mit der Organisation PROCAL zusammen, die sich um die Entwicklung neuer Lebensperspektiven für mißbrauchte Mädchen in den Armenvierteln der Hauptstadt San José bemüht.

WELTHUNGERHILFE, Adenauerallee 134, 53113 Bonn
www.welthungerhilfe.de

Gesundheitsrisiko Banane

Die schönsten Früchte sind nicht immer die besten

Keine andere Pflanze hat die Landschaft Costa Ricas so sehr verändert wie die Bananenstaude. Wo einst tropischer Regenwald immer neue Pflanzenarten hervorbrachte, wachsen heute nur noch Bananen. Ehemalige Brutgebiete großer Vogelschwärme sind zu öden Steppen verkommen. Korallenriffs, in denen sich früher bunte Fischschwärme tummelten, sind pestizidverseucht.

Ein hoher Preis für die makellose Frucht

Jedes Jahr landen rund 200.000 Tonnen Bananen aus Costa Rica in deutschen Supermärkten. Das kleine Land ist nach Ecuador der zweitgrößte Bananenexporteur der Welt. Seit 1982 fördert die Regierung im Rahmen einer vom Internationalen Währungsfonds verordneten Strukturanpassung eine Ausweitung der Plantagenproduktion. Die Kreditvergabe an Kleinbauern wurde eingestellt und der Bewegungsspielraum der Gewerkschaften vermindert. Gleichzeitig haben die großen Früchtekonzerne die letzten Ländereien in der Provinz Limón gekauft, die noch im Besitz kleiner und mittlerer Produzenten waren. Das Anbaugebiet der Monokultur ist an der Atlantikküste Costa Ricas von 37.000 Hektar auf 55.000 Hektar gewachsen – Millionen Bananenstauden in Reih und Glied, unterbrochen nur von Straßen, Arbeitersiedlungen und Verpackungshallen. Die Konzerne haben ihre eigene Welt geschaffen, in der die Natur im Dienst der Banane steht.

Auf Costa Ricas Bananenplantagen werden jedes Jahr pro Hektar durchschnittlich 45 Kilo Pestizide eingesetzt – mehr als zehnmal soviel wie in einem konventionellen deutschen Landwirtschaftsbetrieb. Einige der Gifte sind hierzulande verboten. Von dem übermäßigen Chemieeinsatz profitiert auch die deutsche Industrie. Zum Beispiel hat die Firma Bayer jahrelang große Mengen der hochgiftigen Substanz Nemacur geliefert. Doch mit der Zeit werden viele Insektenarten resistent gegen die Schädlingsbekämpfungsmittel. Deshalb müssen immer neue Chemikalien eingeführt werden. Unbrauchbare Gif-

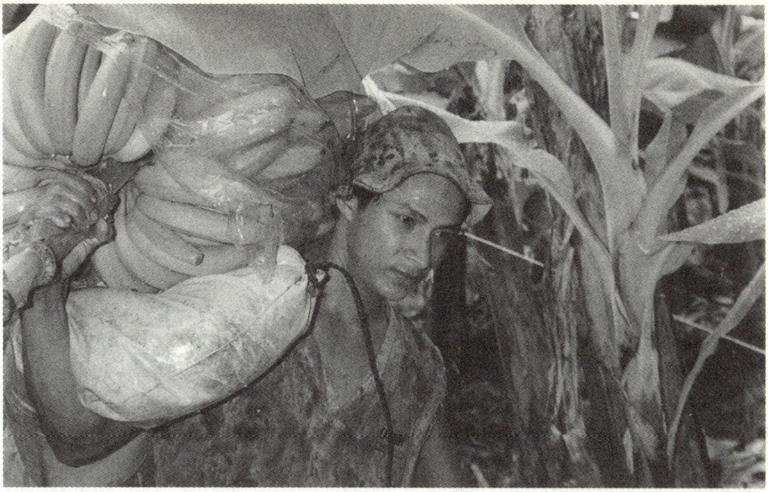

te verrotten in schlecht gesicherten Lagerhallen. Aber die achtzig Bananen, die jeder Deutsche im Schnitt pro Jahr verzehrt, sind gesund und rückstandsfrei – dank der dicken Schale. Einen solchen Schutz haben die Plantagenarbeiter in Costa Rica nicht. Sie kommen täglich mit den Pestiziden in Berührung. Der Pflücker Julian Obando berichtet: „Das Zeug juckt furchtbar auf der Haut, die Augen schmerzen und die Lippen brechen auf. Wenn du ordentlich Luft holst, wirst du ganz rot im Gesicht, rot wie ein Krebs."

Julian Obando arbeitet in der Nähe von Siquirres, einem Ort, dessen Wirtschaft weitgehend von dem Geschäft mit der Banane abhängig ist. Die Bewohner der umliegenden Gemeinden sind den Chemikalien oft ungeschützt ausgesetzt. Bei ungünstigen Windverhältnissen werden die Gifte in die Küchen der Hütten geweht. Die Zahl der Fehlgeburten in der Region ist außergewöhnlich hoch. Die gesunde Frau Mari Cenid hat zwei kranke Kinder zur Welt gebracht: „Mein vier Jahre alter Sohn ist Epileptiker. Der andere, der Kleine, leidet unter chronischem Asthma. Seine Bronchien sind nicht in Ordnung. Der Doktor sagt, das läge an den Chemikalien."

Der Lohn auf den Bananenplantagen ist im Vergleich zu anderen Bereichen der Landwirtschaft relativ hoch. Deshalb setzen viele Familien ihre Gesundheit aufs Spiel. Mari Cenid klagt: „Manchmal kommt mein Mann ganz blaß nach Hause und muß sich übergeben. Seine Vorgesetzten interessieren sich nicht für uns. Wenn die Flugzeuge das Gift versprühen, geben sie den Männern auf dem Feld nicht einmal Gesichtsmasken."

Solche Anschuldigungen hält der Rechtsberater des Früchtekonzerns Dole, Juan Carlos Rojas, für übertrieben. Er versichert, sein Arbeitgeber habe für die Umweltverträglichkeit der Produktionsausweitung gesorgt: „In bezug auf die Pflanzenschutzmittel arbeiten wir mit einer umweltfreundlichen Vorgehensweise. Wir haben alles absolut unter Kontrolle. Die Arbeiter wissen genau, wie sie die Substanzen zu behandeln haben."

Doch das Trinkwasser in den Brunnen vieler Arbeitersiedlungen ist häufig so verseucht, daß es in Deutschland nicht einmal zur Viehtränke genutzt werden dürfte. Diese Umweltverschmutzung nehmen die Konzerne in Kauf, obwohl es durchaus möglich wäre, den Pestizideinsatz deutlich zu verringern. Das hat der deutsche Plantagenbesitzer Volker Ribniger eindrücklich bewiesen. Seine Finca „Río Sixaola" in der Region Talamanca ist mit zahlreichen Umweltpreisen ausgezeichnet worden. Eine der Änderungen zu dem üblichen Anbaustil ist, daß Volker Ribniger auf seinen 108 Hektar Land keine Unkrautvertilgungsmittel einsetzt. Die Kräuter und Blumen zwischen den Bananenpflanzen werden entweder mit der Machete geschnitten oder sie wachsen einfach wild zwischen den Stauden.

Es geht auch anders

Bis vor zwanzig Jahren war Volker Ribniger bei dem Pharmaunternehmen Merck in Darmstadt angestellt. Dann ist er ausgestiegen, um seine Ideale in die Tat umzusetzen. Als Plantagenbesitzer ist ihm die Gesundheit seiner Angestellten wichtiger als der Profit. Deshalb verzichtet er auf die Anwendung von Nervengiften, die die Pflanzen vor Wurzelfressern schützen sollen: „Mit den Nematiziden muß man sehr vorsichtig sein. Wir setzen sie überhaupt nicht ein, um jedes Risiko zu vermeiden. Aber was hat das zur Folge? Auf unseren Feldern leben viele Fadenwürmer, und die sorgen für mindestens dreißig Prozent Ernteausfall."

Bisher ist die Finca „Río Sixaola" mit ihren dreißig Angestellten ein reines Verlustgeschäft für Volker Ribniger. Im Laufe der Jahre mußte er einige seiner idealistischen Vorstellungen ablegen. „Heute weiß ich: Wenn man Bananen anpflanzen will, sollte man sich zuerstmal ein Schiff kaufen, auf das 150.000 Kartons passen. Wenn ich dann noch eine Finca mit 3.000 Hektar hätte, könnte ich das Schiff jede Woche beladen. Dann hätte ich einen richtigen Zyklus für das Bananengeschäft."

Volker Ribniger hat es sich zur Aufgabe gemacht, Alternativen zu

den Geschäftspraktiken der großen Konzerne aufzuzeigen. Chiquita, Dole und Del Monte kontrollieren siebzig Prozent des weltweiten Bananengeschäfts. Sie bestimmen die Preise, setzen Regierungen unter Druck und formulieren die Bedingungen in der Zusammenarbeit mit unabhängigen Produzenten. Doch das größte Hindernis für einen nachhaltigen Bananenanbau sieht Volker Ribniger nicht in der Macht der Multis, sondern in den Einstellungen der Verbraucherinnen und Verbraucher. „Sie wollen eine schöne, gelbe, makellose Banane. Die ist um den halben Erdball gereist, fünfzehn Tage lang auf dem Schiff, dreißigmal in die Hand genommen, und dann kommt der Verbraucher und sagt: ‚Die hat aber 'ne Druckstelle.'"

Die meisten Bananen von Volker Ribnigers Plantage haben einen braunen Fleck. Das liegt daran, daß er seine heranwachsenden Bananen nicht mit blauen, von innen mit Insektiziden beschichteten Beuteln einhüllen läßt, sondern mit weißen Beuteln ohne Gifte. So kommen die Bananen mit vielen Insekten in Berührung, unter anderem mit den sogenannten Trips. Die stechen in die grüne Schale, so daß Latex ausläuft. Die weiße Flüssigkeit oxydiert an der Luft und wird braun. In diesem braunen Fleck sieht Volker Ribniger ein Zeichen für besondere Qualität und niedrigen Chemieeinsatz: „Ich glaube, in zehn Jahren haben wir es geschafft, daß alle Bananen einen Fleck haben. Aber dazu gehört eine Aufklärungskampagne. Wenn die Konzerne wollten, könnten sie dem Verbraucher mit ihren Werbemitteln ruckzuck klarmachen, was der Fleck bedeutet."

Interview mit Pater Gerardo Vargas vom Foro Emaús

Der katholische Pastor Gerardo Vargas koordiniert die Aktivitäten des 1992 gegründeten Foro Emaús. In dem Forum haben sich kirchliche Gruppen, Umweltinitiativen, Bauernorganisationen und Studentengruppen zusammengeschlossen. Gemeinsam protestieren sie gegen die Expansion der Bananenproduktion an der Atlantikküste Costa Ricas.

Gerardo Vargas: In unserer Provinz Limón existiert eine Kultur der Banane. Die Menschen organisieren ihr Leben entsprechend den Anforderungen der Bananenproduktion. Die Banane ist das Rückgrat der Wirtschaft. In diesem Geschäft verdienen wenige Leute viel Geld, während die Masse der Menschen zunehmend verarmt. Sie bekommen ein geringes Gehalt, bis sie zu alt oder zu schwach geworden sind. Mit vierzig Jahren bekommen sie von niemandem mehr Arbeit. Sie leben von den Krümeln, während sich die ausländischen Firmen den ganzen Kuchen einverleiben.

Frage: Aber erwirtschaftet der Bananenexport nicht auch wichtige Deviseneinnahmen für das Land?

Gerardo Vargas: Seit Jahren wird gesagt, die Banane würde uns Fortschritt und Reichtum bringen. Aber die meisten Bananen Costa Ricas werden hier in Limón produziert, und trotzdem sind wir die ärmste Provinz. Im Zuge der Globalisierung hat sich der Akkumulationsprozeß noch weiter beschleunigt. Zu Beginn der achtziger Jahren gab es in dieser Region noch kleine Parzellen im Besitz von Familien, die ihren eigenen Lebensunterhalt erwirtschaftet haben. Heute ist diese Lebensweise völlig verloren gegangen. Alles hat der Monokultur Platz gemacht. Die Bevölkerung ist zu einer großen Arbeitermasse geworden, verseucht, ausgebeutet und arm.

Frage: Welche Bedeutung hat die Bananenwirtschaft für die Entwicklung der Region?

Gerardo Vargas: Die Banane bedeutet Zerstörung. Wegen der großen Mengen Chemikalien, die auf den Plantagen eingesetzt werden, sind viele Menschen gestorben. Andere leiden an chronischen Krankheiten, Allergien und Sehstörungen. Außerdem haben die Chemikalien Flüsse, Teiche und selbst Teile des Meers zerstört. In Berichten des Gesundheitsministeriums steht, daß die Zahl der Menschen, die auf Grund des Einsatzes dieser Gifte sterben, jedes Jahr zunimmt. Trotzdem wird ihr Verkauf weiter gefördert. Die Regierung hat kürzlich ein Dekret veröffentlicht, mit dem sie den Verkauf chemischer

Produkte liberalisiert. In der Kultur der Banane zählt eben nicht die Gesundheit der Menschen, sondern der Profit.

Frage: Ist der Chemieeinsatz nicht notwendig, um ein Produkt liefern zu können, das den Qualitätsansprüchen der Verbraucher und Verbraucherinnen entspricht?

Gerardo Vargas: Der Markt ist auf den Konsum einer ästhetisch perfekten Banane vorbereitet worden. Genauso gut könnte man den Menschen beibringen, daß die schönste Banane nicht immer die beste ist. Die Konzerne sagen, ihre Bananen seien die schönsten und die besten. Aber das stimmt nicht. Die Konsumenten sollten auch erfahren, daß es Bananen gibt, die mit sehr viel weniger Chemieeinsatz angebaut worden sind. Diese Bananen sehen vielleicht nicht so schön aus, aber dafür sind sie gut, und sie haben den Produzenten keinen Schaden zugefügt.

Wie eine Bananenkooperative vom fairen Handel profitiert

Die alternativen Bananen, von denen Pater Gerardo Vargas spricht, werden auch in Deutschland angeboten. Bei uns steht der faire Handel mit Produkten wie Kaffee, Tee, Honig, Schokolade und seit 1998 auch Bananen in dem Ruf, vor allem eine symbolische Funktion zu erfüllen. Er beweist, daß der Welthandel auch unabhängig von den großen Konzernen funktionieren kann, mit direktem Ankauf bei den Produzenten, angemessenen Löhnen und umweltverträglichen Arbeitsabläufen. Doch für die Produzenten, die vom fairen Handel profitieren, ist er weit mehr als nur ein Symbol. Er öffnet ihnen das Tor in ein selbstbestimmtes Leben mit menschenwürdigen Arbeitsbedingungen.

Julio Lopéz ist Mitglied der Kooperative der Bananenarbeiter COOPETRABASUR im Süden von Costa Rica: „Früher waren wir nur einfache Arbeiter, heute entscheiden wir selbst. Ohne die alternativen Handelsorganisationen in Europa würden wir noch immer unter der Kontrolle der großen Früchtekonzerne arbeiten."

Die ersten Bananenplantagen Mittelamerikas wurden Ende des neunzehnten Jahrhunderts in Costa Rica angelegt. Damals überließ die Regierung einer US-amerikanischen Bahngesellschaft große Landstriche für hundert Jahre in Konzession. Neben den Eisenbahnschienen entstand eine Enklavenwirtschaft, in der die Menschen in unterschiedliche Kategorien eingeteilt wurden. Der Historiker Arturo Piedrasanta berichtet: „Die privilegierteste Gruppe waren die Nordamerikaner, gefolgt von den gut ausgebildeten Technikern. Sie lebten in abgegrenzten Wohngebieten mit zweisprachigen Schulen und schönen Häusern. Die einfachen Arbeiter waren in Baracken untergebracht. Sie mußten für geringen Lohn sehr lange Schichten auf den Bananenfeldern arbeiten."

Die Ausbeutung förderte eine Radikalisierung der Arbeiterschaft. Es kam zur Gründung der ersten Gewerkschaft im Privatsektor Costa Ricas. Im Laufe der Jahrzehnte erreichten die Arbeiterinnen und Arbeiter durch mehrere erfolgreiche Streiks eine deutliche Verbesserung ihrer Lebenssituation. Doch im Jahr 1985 erlebten sie einen harten Rückschlag: Aufgrund der sozialen Unruhen und der abnehmenden Produktivität der ausgelaugten Böden entschied sich der Chiquita-Konzern, seine Produktion von der Pazifikküste Costa Ricas an die Atlantikküste zu verlagern.

Viele Plantagenbesitzer an der Atlantikküste beschäftigen ihre Arbeiter nur noch kurzfristig. So sparen sie die gesetzlich vorgeschriebenen Sozialabgaben und verhindern gewerkschaftliche Organisation. Arbeiter, die ihre Rechte einfordern oder Kontakt zu Gewerkschaften aufnehmen, werden entlassen. Ihre Namen werden auf „schwarze Listen" gesetzt, so daß sie auf keiner Plantage mehr eine Anstellung bekommen.

Nach dem Zusammenbruch der Bananenwirtschaft erlebten die an der Pazifikküste zurückgelassenen Arbeiterfamilien eine schwere Krise. Es kam zu massiven Abwanderungswellen in andere Regionen des Landes. Daraufhin entschloß sich die costaricanische Regierung, dem Chiquita-Konzern große Ländereien abzukaufen, um sie den ehemaligen Arbeitern unter Gewährung günstiger Kredite zu verkaufen. Im Zuge dieser Landreform entstand die Kooperative COOPETRABASUR. Das Gründungsmitglied Juan Carlos Camacho erinnert sich: „Es blieb uns nicht viel Zeit zum Nachdenken. Wir hatten keine Wahl. Es gab zwar einige unter uns, die nicht glaubten, daß wir Arbeiter selbst ein Unternehmen führen könnten. Aber bis heute haben wir diesen Schritt nie bereut."

Anfangs produzierte die Kooperative vorwiegend Chiquita-Bananen, die ihr der Konzern zu niedrigen Preisen abkaufte. Doch im Jahr 1995 erlebten die Arbeiter erneut eine Wende in der Geschichte ihrer Plantage. Damals kaufte der niederländische Verein Max Havelaar die ersten Kartons für den fairen Handel mit Europa. Seither sieht der Vorsitzende von COOPETRABASUR, Mynor Rugal, die Zukunft der Kooperative mit neuem Optimismus: „Durch die Beteiligung am alternativen Handel haben wir viel gelernt. Wir planen jetzt langfristiger. Einige Gruppen arbeiten an der wirtschaftlichen Stabilisierung des Unternehmens, andere an einer Verbesserung der Lebensbedingungen im Umfeld der Kooperative."

Die alternativen Handelsorganisationen zahlen Preise, die deutlich über den Weltmarktpreisen liegen. Mit dem Mehrverdienst können die Kooperativen bessere Wohnhäuser bauen und ihre Kinder zur Schule schicken. Außerdem fördert der alternative Handel eine umweltverträgliche Produktion. Elisabeth Batre, die Umweltingenieurin von COOPETRABASUR, bestätigt, daß die Kooperative den Einsatz von Chemikalien in den vergangenen Jahren deutlich reduziert hat: „Früher wurden übermäßig viele Pestizide auf der Plantage versprüht. Es gab keine Sicherheitsvorkehrungen und keine angemessene Gebrauchsanleitung für die Arbeiter. Heute ist das anders. Unser vorrangiges Ziel ist nicht mehr nur eine möglichst große Produktionsmenge, sondern auch die Gesundheit der Arbeiter und der Schutz der Umwelt."

Ein Drittel aller Pestizide, die Costa Rica importiert, wird in der Bananenproduktion eingesetzt. Der Wert dieser Agrargifte entspricht etwa 30 Prozent des Exportwertes der Bananen. Auch die Besitzer der großen Monokulturen könnten ihren Chemieeinsatz durch Kontrollmechanismen und Verzicht in einzelnen Bereichen deutlich verringern. Das zeigt die Erfahrung von COOPETRABASUR. Innerhalb von fünf Jahren hat die Kooperative die Menge der auf ihren Feldern eingesetzten Chemikalien halbiert und so einen wichtigen Schritt in Richtung einer nachhaltigen Nutzung ihrer Böden getan.

DIE BANANENKAMPAGNE

Bananen aus fairem Handel

Gewerkschaften, Umweltgruppen und Volksorganisationen in den bananenproduzierenden Ländern fordern die europäische Öffentlichkeit dazu auf, ihren Kampf für menschenwürdige und umweltverträgliche Produktionsbedingungen zu unterstützen. Durch Lobbyarbeit und fairen Handel hat DIE BANANENKAMPAGNE Möglichkeiten geschaffen, wie sich VerbraucherInnen in Deutschland an diesem Kampf beteiligen können.

DIE BANANENKAMPAGNE, Langgasse 41, 63571 Gelnhausen

BROT FÜR DIE WELT

Schutz der Landarbeiter und ihrer Umwelt

Eines der Projekte, das von dem evangelischen Hilfswerk BROT FÜR DIE WELT in Costa Rica unterstützt wird, ist die „Vereinigung zum Schutz der Landarbeiter und ihrer Umwelt – ASOTRAMA". Gegenüber der staatlichen Versicherungsanstalt setzt sich ASOTRAMA für Männer und Frauen ein, deren Gesundheit auf Bananenplantagen durch Pflanzengifte geschädigt wurde. Zudem fordert die Organisation Schadensersatz von den Betreibern der Plantagen.

BROT FÜR DIE WELT, Stafflenbergstraße 76, 70184 Stuttgart
www.brot-fuer-die-welt.de

PANAMA

Fläche:	**77.080 km²**
Bevölkerung:	**ca. 2.800.000 Einwohner**
Hauptstadt:	**Ciudad de Panama (ca. 900.000 Einwohner)**
weitere Städte:	**Colón (130.000), David (100.000)**
Währung:	**US-Dollar (wird „Balboa" genannt)**
Pro-Kopf-Einkommen:	**2580 US-Dollar/Jahr**
Index der menschlichen Entwicklung:	**Platz 49**

Als die ersten Spanier in das Gebiet des heutigen Panama einfielen, trafen sie auf eine Bevölkerung von etwa einer halben Million Menschen. Diese gehörten sechzig verschiedenen Völkern an, die jeweils unterschiedliche Sprachen benutzten. Bisher ist weitgehend ungeklärt, ob die heute auf panamaischem Territorium lebenden indigenen Völker Nachkommen der frühgeschichtlichen Völker der Region sind oder ob sie die Landenge während der kolonialen Epoche als Flüchtlinge erreicht haben.

Im Jahr 1501 ankerten Rodrigo de Bastidas und seine Schiffsmannschaft als erste Europäer an der Atlantikküste Panamas. Zwölf Jahre später „entdeckte" der Spanier Vasco Balboa die Pazifikküste. Daraufhin bekam Panama innerhalb weniger Jahre eine enorme geopolitische Bedeutung als Landbrücke zwischen Nord- und Südamerika. Die Region wurde zu einem kommerziellen Zentrum, durch das Handelswaren von San Francisco nach Boston und Gold von Peru nach Spanien geschleust wurden.

Panama beteiligte sich nicht am Unabhängigkeitskampf seiner mittelamerikanischen Nachbarn gegen Spanien, sondern schloß sich 1843 als Provinz den Vereinigten Staaten von Kolumbien an. Wenig später begann die bis heute andauernde direkte Intervention der USA in die internen Geschicke des Staates. 1864 unterzeichneten die Regierungen in Washington und Bogotá ein Abkommen, das den USA das Recht gab, auf panamaischem Gebiet eine Eisenbahnlinie vom Atlantik zum Pazifik zu bauen. Ein Abkommen mit einem französischen Repräsentanten gab den USA das Recht, eine 9,5 Kilometer breite Kanalzone umsonst und unbegrenzt lange zu mieten. Der kolumbianische Senat erklärte das Abkommen umgehend für ungültig. Doch die USA blieben in Panama und unterstützten eine revolutionäre, nationalistische Bewegung, die im November 1903 die Unabhängigkeit von Kolumbien erreichte. Innerhalb von drei Tagen erkannte die US-Regierung den neuen Staat an. 1904 übernahm die US-Regierung eine bankrotte französische Firma, die mit dem Bau eines Kanals begonnen hatte. Zehn Jahre später war das Projekt fertiggestellt.

Im Laufe der folgenden Jahre bauten die USA ihre militärischen Einrichtungen in der Kanalzone aus. Die Militärbasen wurden zu wichtigen Stützpunkten der Machtausübung auf dem gesamten lateinamerikanischen Subkontinent. Während des Kalten Kriegs unterrichteten US-amerikanische Militärberater lateinamerikanische Offiziere in der Doktrin der Nationalen Sicherheit, ein politisch-militärisches System, das die Kontrolle der USA über die Hemisphäre festigen sollte. Die einflußreiche US-Präsenz förderte die Radikalisierung des panamaischen Nationalismus. Im Januar 1964 starben 21 Studenten bei dem Versuch, die panamaische Flagge in der von den USA kontrollierten Kanalzone zu hissen.

1969 übernahm General Omar Torrijos die Macht in Panama. Der volksnahe Diktator begann einen diplomatischen Kampf gegen die neokoloniale Politik der USA. Darin fand er Unterstützung bei anderen lateinamerikanischen Regierungen und bei den Vereinten Nationen. Torrijos, ein charismatischer Nationalist, bemühte sich auch um eine Landreform und eine Verbesserung der sozialen Lage der zum großen Teil in Armut lebenden Bevölkerung. Im Zuge dieses Prozesses rief er einen „Bananenkrieg" gegen multinationale Früchtekonzerne wie die United Fruit Company aus, um bessere Preise für die Bananen zu erreichen. 1981 starb General Torrijos bei einem bis heute ungeklärten Flugzeugabsturz.

In der Nachfolge von Torrijos begann die Ära des Generals Manuel Noriega, der mit Unterstützung der US-amerikanischen Drogenbekämpfungsbehörde DEA und der CIA seine Macht innerhalb der panamaischen Armeeführung ausbauen konnte. Mit der Zeit etablierte sich Noriega als eigenmächtiger Diktator. Er manipulierte Wahlergebnisse, um seine Kandidaten an die Macht zu bringen, und kontrollierte die Zivilregierung. Noriegas Willkürherrschaft brachte die Mächtigen in Washington gegen ihn auf. Die USA verstärkten ihre Truppen innerhalb der Kanalzone und verhängten Wirtschaftssanktionen. 1989 war der Höhepunkt der Krise erreicht. Am 20. Dezember fiel das größte militärische US-Aufgebot seit dem Vietnamkrieg in Panama ein. Noriega wurde verhaftet und in die USA überführt, wo er eine vierzigjährige Gefängnisstrafe wegen Drogenhandels verbüßt.

Die neue Regierung unter Präsident Guillermo Endara löste die Armee auf und ersetzte sie durch eine Militärpolizei. Panama etablierte sich erfolgreich innerhalb der Gemeinschaft mittelamerikanischer Staaten und erreichte 1993 die Mitgliedschaft im PARLACEN, dem mittelamerikanischen Parlament.

1994 wurde Ernesto Balladares, der sich im Wahlkampf als Nachfolger des populären Sozialreformers Omar Torrijos dargestellt hatte, zum Präsidenten gewählt. Doch schon bald nach seiner Amtsübernahme gab er dem Druck internationaler Finanzorganisationen und der US-Regierung nach und setzte zahlreiche neoliberale Gesetzesänderungen durch. Staatliche Unternehmen wurden privatisiert und Subventionen gestrichen. Ein Generalstreik, mit dem die Gewerkschaften Veränderungen im Arbeitsrecht verhindern wollten, wurde von der Polizei gewaltsam beendet. Mehrere Demonstranten kamen ums Leben. Zudem mußte Balladares zugeben, daß sein Wahlkampf durch Gelder aus den Kassen des kolumbianischen Cali-Drogenkartells mitfinanziert worden war.

Für die US-Regierung ist Panama weiterhin einer der wichtigsten Bündnispartner in einer Region, die sie jahrzehntelang als ihren Hinterhof betrachtet hat. Die Beziehungen zwischen den beiden Ländern sind geprägt von Ambivalenz. Zum einen haben die USA immer wieder politische und militärische Konflikte provoziert, zum anderen haben große Teile der panamaischen Bevölkerung wirtschaftlich von der US-Präsenz profitiert. Das Pro-Kopf-Einkommen in Panama ist das höchste Mittelamerikas, die ökonomische Infrastruktur ist am weitesten entwickelt, und in keinem anderen Land hat das Ausland so viele Devisen investiert.

Die Verwirklichung eines alten Traums

Ein Kanal, der die Ozeane verbindet

Panama-Stadt ist zweigeteilt. Die beeindruckende Skyline des modernen Zentrums und die gepflegten Viertel der Ober- und Mittelschicht stehen im krassen Gegensatz zu den historischen Stadtvierteln El Chorillo und San Felipe, wo die Menschen in Gebäuden leben, deren Glanz vergangener Zeit hinter dem Schmutz der Jahre verborgen liegt. Die Kriminalitätsrate wird hier nur noch von den Arbeitslosenzahlen übertroffen. Die engen Hauseingänge sind nachts von Obdachlosen bevölkert. Der Blick hinüber zum internationalen Bankenviertel erinnert daran, daß in anderen Teilen der Welt die Zeit voranschreitet, während sie hier stehengeblieben zu sein scheint, genauso wie die Turmuhr der alten Kathedrale.

Eine Nation im Schatten der USA

Auf dem hübschen Platz vor der Kathedrale begegnen sich Menschen aller Hautfarben. Viele Latinos sind in Handwerk und Handel beschäftigt. Nachkommen von Italienern und Griechen betreiben schmuddelige Restaurants. Einige Chinesen, deren elend armes Viertel nur wenige Straßenzüge entfernt liegt, besitzen kleine Läden. Zahlreiche afro-panamaische Männer verbringen geruhsame Tage auf den Parkbänken, so daß es dem Betrachter ein Rätsel bleibt, wie sie ihre vielköpfigen Familien ernähren. Doch es fällt auf, daß nur selten US-Amerikaner zu sehen sind. An anderen Orten der Stadt ist der kulturelle Einfluß der USA so offensichtlich wie in sonst keinem Land der Region. Zum Beispiel gibt es neben dem US-Dollar keine nationale Währung. In den Kinos werden fast ausschließlich Hollywoodproduktionen gezeigt, und das panamaische Spanisch ist vermischt mit allerlei englischen Worten. Trotzdem versichert der US-amerikanische Geschäftsmann Edward Coyle: „Wir waren nie eine Besatzungsmacht in diesem Land. Wenn die USA nicht gewesen wären, würde es heute keine Republik Panama geben. Außerdem haben wir

den Kanal gebaut. Ohne den Kanal gäbe es hier keine wohlhabende Mittelschicht."

Die meisten US-Bürger in Panama leben in den neueren Stadtvierteln oder in der ehemaligen Kanalzone. In der Tat profitiert die panamaische Wirtschaft von der Präsenz der USA. Das durchschnittliche Pro-Kopf-Einkommen liegt weit höher als in anderen Staaten der Region. Die Gründe für das große Interesse der USA an dem kleinen Panama sind seine geographische Lage und natürlich der Kanal.

Der Traum einer Wasserverbindung zwischen Atlantik und Pazifik begann im Jahr 1513 mit Vasco Balboa, dem ersten Europäer, der den pazifischen Ozean zu sehen bekam. Doch erst dreieinhalb Jahrhunderte später wurde das Projekt ernsthaft in Angriff genommen. Den ersten Versuch machten die Franzosen unter Führung des Conte Ferdinand de Lesseps, der bereits im Wüstensand des Sinai den Bau des Suezkanals beaufsichtigt hatte. 17 Jahre nach dem ersten Spatenstich war das Vorhaben kläglich gescheitert. Im Jahr 1898 mußte die französische Kanalgesellschaft die Arbeiten endgültig einstellen, besiegt von den tödlichen Waffen der Tropen – Malaria und Gelbfieber. Schätzungsweise jeder vierte der 80.000 Arbeiter war an Tropenkrankheiten gestorben.

Die Franzosen hinterließen große Flächen gerodeten Dschungel und einen weitgehend funktionstüchtigen Maschinenpark. Ungeheure Mengen Erde waren bewegt worden. In diese überdimensionalen

Fußstapfen trat der US-amerikanische Präsident Theodore Roosevelt. Er übernahm die Hinterlassenschaft der bankrotten französischen Kanalgesellschaft und betrieb die Unabhängigkeit Panamas von Kolumbien als wichtigen Schritt in Richtung der Kanalfertigstellung. Zudem bekam die Verfassung der neuen Republik einen Zusatzartikel, der es den USA erlaubte, in jedem Landesteil militärisch zu intervenieren, um die öffentliche Ruhe, Ordnung und Sicherheit wiederherzustellen. Ein Freibrief, den die US-Regierung in den folgenden Jahrzehnten regelmäßig nutzte. Damals hallte der triumphierende Ausruf Roosevelts über den gesamten Kontinent: „I took Panama!"

Zwei Wochen nach der Unabhängigkeit akzeptierte die neue Regierung der jungen Nation einen Vertrag, der den USA auf ewig und kostenlos alle Macht über eine zehn Meilen breite Kanalzone gab. Obwohl kein Panamaer das Abkommen unterzeichnete, hat es das Schicksal der Nation für den Rest des Jahrhunderts maßgeblich mitbestimmt. Der französische Geschäftsmann Bunau Varilla hatte noch vorgeschlagen, daß Panama die Kanalzone „verpachten" solle, der US-Außenminister John Hay schrieb jedoch den Vertragstext um, so daß seinem Land die Benutzung, Besetzung und Kontrolle auf alle Zeit „gewährt" wurde.

Zehntausende Arbeiter aus 97 Ländern kamen nach Panama, um am Kanalbau mitzuwirken. Die US-amerikanische Verwaltung führte ein Arbeitsrecht ein, das auf Nationalität und Rassenzugehörigkeit basierte. Alle Arbeiter, die nicht aus den USA stammten oder deren Hautfarbe schwarz war, wurden in die sogenannte „Silver Roll" aufgenommen. Das System der weißen Nordamerikaner nannte sich „Gold Roll". Es erlaubte den Zugang zu praktisch allen Einrichtungen wie Schulen, Kirchen und sozialen Aktivitäten. Im Vergleich dazu waren die Zustände in den Wohnanlagen der „Silver Roll" erbärmlich.

Der Grundstein für den Erfolg des Unternehmens wurde nicht von einem Ingenieur gelegt, sondern von dem britischen Arzt Roland Ross. Er hatte bei Feldforschungen in Indien entdeckt, daß viele tropische Krankheiten nicht durch Ansteckung übertragen werden, sondern durch Moskitostiche. Basierend auf dieser Erkenntnis konzentrierte der in Panama für den Gesundheitsbereich zuständige Koronel William Gorgas seine Arbeit auf die Zerstörung der Brutstätten von Moskitos. Er ließ Hunderttausende Pfützen mit Sand auffüllen und die Unterkünfte der Arbeiter säubern. Sein Hygieneplan war so erfolgreich, daß im Jahr 1913 der letzte Fall von Gelbfieber registriert wurde. 1914 durchquerte das erste Schiff den fertiggestellten Kanal.

Der lange Weg zur Selbstbestimmung

Die im Hay/Bunau-Varilla-Vertrag festgelegte Kontrolle der USA über die Kanalzone belastete immer wieder die Beziehung zwischen den beiden Staaten. Die ersten panamaischen Protestzüge marschierten 1958 in Richtung Kanalzone. Die Demonstranten wollten Panamas Anspruch auf Selbstbestimmung durch das Hissen der Nationalflagge deutlich machen. Der Historiker Raymundo Gurdian erinnert sich noch gut an das Gefühl des verletzten panamaischen Nationalstolzes: „Es war beschämend mitzuerleben, wie ein anderes Land im Herzen unseres Territoriums Gesetze verabschiedete, Richter einsetzte, Gefängnisse baute und eine eigene Polizeitruppe unterhielt."

Um die Atmosphäre abzukühlen, genehmigte der US-amerikanische Verwalter der Kanalzone künftig das Hissen der panamaischen Flagge vor öffentlichen Gebäuden ganz offiziell. Doch viele US-Amerikaner ignorierten die neue Bestimmung. Die Situation eskalierte, als die nordamerikanischen Schüler der Balboa-High-School am 7. Januar 1964 den Unterrichtstag mit dem Hissen der US-Flagge begannen, die panamaische jedoch unbeachtet liegen ließen. Zwei Tage später wollten panamaische Studenten ihre Flagge hochziehen. Die anfangs gewaltfreie Demonstration endete mit einem Alptraum für beide Seiten. Ganz Panama konnte am Fernsehschirm live miterleben, wie US-Soldaten auf die Studenten einschlugen. Die jahrelang unterdrückte Wut der Panamaer brach hervor und richtete sich gegen zahlreiche US-Einrichtungen und Symbole, die unter großem Beifall zerstört wurden. Bei den Auseinandersetzungen kamen 22 Menschen ums Leben.

Neun Jahre später, 1973, wurde im Sicherheitsrat der UNO ein Resolutionstext vorgelegt, in der die USA wegen Verletzung der Rechte Panamas verurteilt wurden. Zwar scheiterte die Verabschiedung am Veto der USA, doch Panama hatte einen moralischen Sieg errungen. Vier Jahre später vereinbarten der panamaische General Omar Torrijos und US-Präsident Jimmy Carter die endgültige Übergabe der Kontrolle über den Kanal an die panamaische Regierung am 31. Dezember 1999. Ohne die Amtszeit Jimmy Carters wäre es wohl nie zu einem solchen Vertrag gekommen. Selbst sein Nachfolger Ronald Reagan wetterte noch: „Wir haben ihn gebaut. Wir haben für ihn bezahlt. Wir werden ihn behalten."

In den USA war der Widerstand gegen die Übergabe so groß, daß es vor der Ratifizierung des Vertrags im Senat zur längsten Debatte seit der Änderung der Gesetzgebung zur Sklaverei kam. Schließlich waren zentrale geopolitische Interessen des Landes berührt: Siebzig Prozent der Schiffe, die durch den Kanal fahren, kommen aus den USA oder sind auf dem Weg dorthin. Doch das Argument, deshalb müsse die Kanalzone von US-Militärs verteidigt werden, erwies sich als nicht besonders schlagkräftig. Selbst Generäle der Navy meinen, es sei unmöglich, den Kanal wirkungsvoll zu schützen. Ein einziger Terroranschlag auf die Schleusen könnte den Betrieb langfristig lahmlegen.

Im Jahr 1989 fielen 26.000 US-Soldaten in Panama ein. Sie hatten den Auftrag, die panamaische Armee zu zerstören und den damaligen Diktator Manuel Noriega zu verhaften. Während der ersten elf Stunden der Invasion detonierten 442 Bomben auf panamaischem Boden. Tausende Zivilisten kamen ums Leben. Der Bombenhagel legte große Teile des armen Stadtbezirks El Churillo in Schutt und Asche. US-Präsident George Bush rechtfertigte die Invasion mit dem Argument, General Noriega sei ein Risiko für das reibungslose Funktionieren des Kanals gewesen. Nachdem der machtbesessene Noriega jahrelang von den USA protegiert und finanziell unterstützt worden war, stand er jetzt den Plänen Washingtons im Weg, in Panama eine demokratische Regierung zu installieren. Trotz der systematischen Suche Tausender US-Soldaten gelang es dem gehetzten General, sich in der Botschaft des Vatikan zu verbergen. Dort harrte er eine Woche lang aus, bevor er sich schließlich den Beamten der US-Drogenbehörde DEA ergab. Ein Gericht in Florida verurteilt ihn wegen Drogenhandels zu vierzig Jahren Gefängnis.

Nach der Invasion, die mit dem Decknamen „Operation Just Cause“ – Operation gerechte Sache – betitelt war, berichteten die US-Medien ausführlich über die Trauerfeierlichkeiten für 26 gefallene US-Amerikaner. Die panamaischen Opfer hingegen wurden nahezu völlig ignoriert. Nach Schätzungen der katholischen Kirche lag ihre Zahl bei über 5.000.

Notizen einer Kanalfahrt

Seit seiner Fertigstellung hat der Panamakanal nichts von seiner Bedeutung für den internationalen Schiffsverkehr verloren. Zum Beispiel verkürzt er die Route eines Bananenfrachters, der von Ecuador nach Europa fährt, um rund 8.000 Kilometer. Einem mit Autos beladenen Schiff auf der Fahrt von Japan zur Ostküste der USA erspart die Passage etwa 30 Tage.

Wie schwimmende Hochhäuser fahren die riesigen Schiffe über das ruhige Wasser des Kanals. Die Besatzung an Deck kann in der feuchten Hitze des Dschungels die tropische Fauna und Flora der Umgebung betrachten. Bananenbeladene Stauden und großmäulige Krokodile säumen das grüne Ufer. „Was wir hier sehen, ist eine völlig natürliche Umgebung", sagt Hidrio Valdia, einer der Lotsen, die bei der Einfahrt in den Kanal an Bord der Schiffe kommen. „Das Ökosystem muß geschützt werden, damit es ausreichend regnet, denn das Wasser ist der Lebenssaft des Kanals."

Für die Dauer der Durchfahrt übernimmt einer der 250 Lotsen der Kanalverwaltung das Kommando auf dem Schiff. Der eigentliche Kapitän muß sich zeitweise mit der Rolle des Assistenten zufrieden geben. Die für die größten Schiffe qualifizierten Lotsen können auf mindestens zehn Jahre Schiffahrtserfahrung zurückblicken. Sie gehören zu den bestbezahlten Angestellten in Panama. Hidrio Valdia vergleicht die rund 50.000 Dollar netto, die er im Jahr verdient, nicht mit dem niedrigen Einkommen seiner panamaischen Landsleute, sondern mit dem Wert seiner Arbeit für die Besitzer der Reedereien: „Sie wollen sicher sein, daß ihre Schiffe mitsamt Mannschaft und Ladung in besten Händen sind. Dafür bezahlen sie."

Der Preis einer Kanaldurchfahrt ergibt sich aus dem Gewicht des Schiffs und der Ladung. Den bisher geringsten Preis von 36 Cents zahlte im Jahr 1928 der Schwimmer Richard Halliburton für sein Körpergewicht. Die Besitzer der größten Schiffe der sogenannten Kategorie „Panamax" müssen für die Durchfahrt rund 100.000 Dollar aufbringen. In den 35,5 Meter breiten Schleusen bleibt den Riesenfrachtern gerade noch 1,5 Meter Abstand zwischen Schiffs- und Schleusenwand. Anfangs blicken die Matrosen wie aus einer Schlucht hoch ins ferne Sonnenlicht. Dann plötzlich blubbert Wasser aus unterirdischen Kanälen in die Schleusen hinein. Es scheint, als ob die eben noch seichte Oberfläche zu kochen beginnt. Zentimeter für Zentimeter steigt das Wasser an den moosbedeckten Wänden empor, bis es die Höhe der Kanalarbeiter erreicht hat, die noch zehn Minuten zuvor auf das Schiff herabgeschaut haben.

In fünf Schleusen werden die Schiffe zuerst 26 Meter gehoben und nach sechs Stunden Fahrt auf dieser Höhe wieder bis zum Niveau des Meeresspiegels gesenkt. Mit jeder der vierzig Durchfahrten am Tag werden 200 Millionen Liter Süßwasser in den Pazifik oder den Atlantik befördert. Das riesige Ingenieurswerk funktioniert so präzise, daß der Betrieb in diesem Jahrhundert wegen technischer Probleme nur einmal einen Tag lang unterbrochen werden mußte.

Die Lebensader der Schleusen, der Fluß Chagres, wurde im Jahr 1910 zu dem seinerzeit größten artifiziellen See der Welt gestaut. Die Flutung des Gatún-Sees dauerte fünfzehn Jahre. Der Anthropologe Stanley Heckadon vom Smithsonian-Institut in Panama-Stadt bezeichnet den See als ein riesiges archäologisches Unterwassermuseum: „Sechzig Dörfer und die Ansiedlungen der Eisenbahnarbeiter wurden überschwemmt. Dort unter dem Wasser befindet sich die fortgeschrittenste Technologie des neunzehnten Jahrhunderts."

Die Inseln des Gatún-Sees sind die höchsten Punkte der ehemaligen Hügellandschaft. An anderen Stellen wurde der Kanal durch Berge gegraben und gesprengt. Heute wird die Fahrrinne ständig von schwimmenden Baggern gesäubert und verbreitert. Stanley Heckadon ist sich sicher, daß ein vergleichbarer Eingriff in die Geographie und das Ökosystem Panamas heutzutage nicht mehr möglich wäre: „Es müßten so viele ökologische Studien durchgeführt werden, daß diese länger dauern würden als der Bau des Kanals selbst. Damals sind riesige Dschungelgebiete überschwemmt worden, über deren Reichtum an Tier- und Pflanzenarten nahezu nichts bekannt ist. 5.000 Kilometer Eisenbahnschienen mußten gelegt werden, um die gegrabenen Erdmassen zu transportieren. Das führte zu einer gigantischen Entwaldung. Seinerzeit war der Kanal nicht nur das größte Bauwerk der Menschen in den Tropen, sondern auch das Projekt mit dem gravierendsten ökologischen Einfluß."

Plötzlich bricht ein tropischer Regenguß los. Es scheint, als würde das ganze Wasser des Kanals die Erde überschwemmen. Doch die Fahrt der Schiffe geht unbeirrt weiter. Die Kanallotsen kennen die Schleusen und schiffbaren Wege so genau, daß sie keine klare Sicht brauchen, um mit den schwimmenden Kolossen ihre Zentimeterarbeit zu leisten. Nach neun Stunden ist die 81 Kilometer lange Durchfahrt zuende. Die Lotsen gehen von Bord, und der Kapitän übernimmt wieder das Kommando.

BUKO

Bundeskongreß entwicklungspolitischer Aktionsgruppen

Das Anliegen des BUKO ist es, die oft isoliert voneinander arbeitenden Gruppen der deutschen Solidaritätsbewegung zu vernetzen. Bisher sind über 200 Gruppen angeschlossen. Inhaltlich haben sich fünf Schwerpunkte herauskristalisiert: Agrarhandel, Pharmaindustrie, Rüstungsexporte, Flüchtlingspolitik und nachhaltige Entwicklung. Die BUKO organisiert Kampagnen, veranstaltet Seminare und veröffentlicht Studien und Ton/Bild-Serien zu entwicklungsplitischen Themen.

BUKO, Agrarkoordination, Nernstweg 32-34, 22765 Hamburg

EDCS

Ökumenische Entwicklungsgenossenschaft

Die Idee der EDCS ist es, das Geld ihrer AnlegerInnen als günstiges Darlehen für Entwicklungsprojekte zur Verfügung zu stellen. Die Dividenden werden jährlich ausgezahlt, doch im Unterschied zu üblichen, ausschließlich profitorientierten Geldanlagen, soll nicht in erster Linie größtmöglicher Gewinn erzielt, sondern sinnvolle Entwicklung gefördert werden. Der Westdeutsche Förderkreis vermittelt seinen Mitgliedern den Kauf von Genossenschaftsanteilen bei der EDCS und die Auszahlung der Dividende.

EDCS-Westdeutscher Förderkreis, Adenauerallee 17, 53113 Bonn
www.edcs.org/de/

EDCS
oikoumene

Wo die Straße aufhört...

Ein Volk am Ende der Panamericana

Angeblich verbindet die Panamericana den amerikanischen Kontinent von Alaska bis Feuerland. Doch hundert Kilometer westlich von Panama-Stadt, in der Dschungelprovinz Darién, ist die berühmte Traumstraße nur noch eine schlammbedeckte, schmale Piste, die wie ein vergessener Feldweg durch die Tropen führt, bis ihr der Urwaldfluß Chucunaque ein endgültiges Ende setzt.

Die Kontroverse um den Ausbau der Straße

Wohl niemand spürt das Fehlen angemessener Transportmöglichkeiten so deutlich wie die Mitarbeiter und Mitarbeiterinnen des Krankenhauses von Yavisa, dem Urwalddorf am Ende der Straße. Doktor Elio Esquivél berichtet, daß einige seiner Patienten gestorben sind, weil die für ihre Behandlung notwendigen Medikamente oder Instrumente nicht rechtzeitig eintrafen: „Manchmal macht es mir Angst zu wissen, daß meine Möglichkeiten nicht ausreichen, um eine angemessene Behandlung zu gewährleisten. Einige schwere Fälle müßten in die Hauptstadt verlegt werden, aber das ist oft nicht möglich, weil die Flugkosten zu hoch sind und der Zustand der Straße zu schlecht ist. Ich glaube, diese Situation macht allen Gesundheitsarbeitern im Darién Angst."

Südlich von Yavisa liegen über hundert Kilometer Urwald ohne Straße – tropische Vegetation, von der Natur geschaffen und gepflegt, durchzogen von Flüssen, die sich wie Schlangen ihren Weg zum Ozean bahnen. Die Panamericana beginnt erst wieder 53 Kilometer hinter der Landesgrenze zu Kolumbien. Im Vergleich zu den Entfernungen, die anderswo auf der längsten Straße des Kontinents zurückgelegt werden können, scheint das fehlende Teilstück ein Katzensprung zu sein. Doch die Durchquerung des Dschungels ist ein abenteuerliches Unternehmen, auf das sich nur wenige Reisende einlassen.

Seitdem die Straße im Jahr 1982 das Dorf Yavisa erreicht hat, hat sich in der panamaischen Dschungelprovinz Darién einiges verändert. Die ökologischen Folgen des Straßenbaus bezeichnet der An-

thropologe Stanley Heckadon als verheerend: „Aus allen Himmelsrichtungen sind Siedler in den Darién gekommen, um am Rand der Straße Ackerbau zu betreiben. Sie sind den Pfaden der Holzfäller gefolgt und haben Landstücke abgesteckt. Doch mit jeder Ernte nimmt die Qualität des ehemaligen Urwaldbodens ab. Nach wenigen Jahren können die Kleinbauern nicht mehr genug produzieren, um ihre Familien zu ernähren. Sie verkaufen ihr Land und ziehen in die Stadt. Am Ende der Entwicklung stehen riesige Rinderfarmen, auf deren Böden nur noch Gras wächst."

Statistisch gesehen leben in dem endlos erscheinenden Grün der Dschungelprovinz Darién nur drei Personen pro Quadratkilometer. Die Siedlungen der ursprünglichen Bewohner des Dschungels, der Enberá, sind umgeben von einer Pracht exotischer Vögel, bunter Schmetterlinge und roter Ameisenhaufen. Ihre Hütten stehen auf zwei Meter hohen Stelzen, die den Wohnraum vor Ungeziefer und Schlangen schützen. Die katholische Missionarin Lorena Alfaro, die seit fünfzehn Jahren im Darién arbeitet, meint: „Die Kultur der Enberá ist vollkommen an den Dschungel angepaßt. Ihre Lebensart ist so offen wie der Wald, der sich niemandem verschließt. Sie haben keine Zäune, keine Wände, keine Türen."

Doch die traditionelle Lebensweise der Enberá ist bedroht. Angetrieben von Holzhandel und Ackerbau dringt die westliche Kultur immer weiter in den Dschungel ein. Jahr für Jahr werden rund 60.000 Hektar Wald gerodet. Effektive Aufforstungsprogramme gibt es nicht.

Gleichzeitig nimmt die Zahl der Einwanderer aus anderen Landesteilen ständig zu. Naiper Rosales, Mitglied eines Regionalkongresses der Enberá, befürchtet, daß bald auch sein Volk zur Entwaldung beitragen könnte: „Der Druck durch die Land- und Viehwirtschaft wird täglich stärker. In der Nähe unserer Siedlungen können wir beobachten, wie die neuen Landbesitzer den Wald roden, um Viehzucht zu betreiben. Für viele Enberá ist die Versuchung groß, dasselbe zu tun, um die wirtschaftliche Not zu lindern."

Eine der größten Bedrohungen für die Enberá ist eine mögliche Fertigstellung des letzten Teilstücks der Panamericana. Zahlreiche Umweltschutzorganisationen wollen den baldigen Ausbau der Straße verhindern. Alfonso Moreno, Direktor der Organisation PRO DARIEN, befürchtet, die Fertigstellung der Straße könnte zur völligen Zerstörung des Dschungels führen: „In dieser Provinz werden jeden Tag über fünfzig Hektar Land entwaldet. Wenn dieser Rhythmus beibehalten wird, gibt es hier im Jahr 2068 keinen Wald mehr. Unsere Enkel werden womöglich nie unberührten Urwald zu sehen bekommen."

In Panama-Stadt nimmt das Interesse der Geschäftsleute am billigen Land im Darién von Jahr zu Jahr zu. Die Präsidentin des Generalkongresses der Enberá, Clelia Mezúa, befürchtet, daß sie den Dschungel zu einem Investitionsobjekt machen könnten: „Obwohl die Panamericana im Darién in einem sehr schlechten Zustand ist, haben sie sich schon jetzt große Landstücke entlang der Piste angeeignet. Was würde erst passieren, wenn die gesamte Strecke asphaltiert wäre?"

Die Enberá haben keine Autos oder Lastwagen. Ihre wichtigsten Transportmittel sind hölzerne Kanus, mit denen sie über die Flüsse fahren. Ein Ausbau der Straße würde ihnen nur wenig nutzen. Doch sie stellen schon lange nicht mehr die Bevölkerungsmehrheit in der

Provinz. Die meisten der zugezogenen Bewohner halten den Ausbau der Straße für einen notwendigen Beitrag zur Entwicklung der Region. So zum Beispiel sieht der Vorsitzende der Schulbehörde von Yavisa, Edmundo Emerson, einen direkten Zusammenhang zwischen den schlechten Verkehrsverbindungen im Darién und der Unterernährung vieler Kinder: „Natürlich ist es wichtig, die Bäume zu schützen. Aber müssen wir deshalb immer im Abseits leben? Es muß doch möglich sein, beides zu haben: Umweltschutz und Fortschritt. Der Darién kann nicht ewig unterentwickelt und ohne Kontakt zu anderen Landesteilen bleiben."

Genauso kontrovers wie über den Ausbau der schon bestehenden Trasse wird über die Fertigstellung des fehlenden Teilstücks nach Kolumbien diskutiert. Clelia Mezúa spricht sich eindeutig gegen eine Öffnung aus: „Wir wollen uns nicht dem Fortschritt verschließen. Aber die Entwicklung muß kontrollierbar bleiben. Eine fertige Straße bis Kolumbien würde zu einer unkontrollierbaren Invasionen von Kleinbauern führen und den Urwald zerstören." Dieses Argument hält Edmund Emerson nicht für stichhaltig: „Die Straße würde der Region Einnahmequellen und Entwicklungsmöglichkeiten bringen. Warum sollte Panama das einzige Land sein, in dem eine Komplettierung der Panamericana unmöglich ist? Wir müssen eben unsere Grenzen stärken und verteidigen, so wie jedes andere unabhängige Land auch. Wenn es an unserer Grenze mit Costa Rica möglich ist, warum dann nicht auch hier im Darién?"

Im Schatten eines fremden Kriegs

Für die panamaischen Grenzpolizisten im Darién gehören Patrouillengänge durch den Dschungel zur täglichen Routine. Ihre Gegner im Morast des Waldes sind zahlreich: Malaria, Moskitos, Krokodile und kriminelle Banden aus dem benachbarten Kolumbien. Die Grenzlinie zwischen den beiden Ländern liegt mitten im tropischen Regenwald, durch den keine Straße, kein vorgezeichneter Pfad führt. Einen Übergang mit Schlagbaum und Paßkontrolle gibt es nicht.

Trotz des tropischen Schutzwalls erleben die Bewohner des Darién immer wieder Übergriffe plündernder Banden aus Kolumbien, wo seit über fünfzig Jahren der am längsten andauernde Guerillakrieg Lateinamerikas ausgetragen wird. Omar Vargas, der junge Pfarrer des katholischen Gemeindezentrums in Yavisa, meint, die Fronten des Konflikts seien völlig unklar: „Große Teile der kolumbianischen Guerilla haben ihre Ideale längst verloren. Der Bürgerkrieg ist zu einem Geschäft geworden, an dem sich Waffenhändler, kriminelle Banden und die Drogenmafia beteiligen."

Obwohl die kolumbianische Regierung Friedensgespräche mit den Rebellenführern aufgenommen hat, werden die Menschen in der Grenzregion Darién weiterhin von Übergriffen der Banditen aus dem Nachbarland bedroht. Sie bezeichnen sich als Guerilleros und fordern Unterstützung für ihren Kampf. Opfer der meisten Überfälle sind Angehörige des Volkes der Enberá, deren Siedlungen mitten im Dschungel liegen, ohne Strom und ohne Straßen. Ihre Überlebensgrundlage sind die Produkte des Waldes, die sie auf hölzernen Kanus über die Flüsse transportieren. Die Welle der Gewalt ist eine erschreckende Erfahrung für sie. Die Enberáfrau Elsa Hil berichtet von einem Überfall auf ihre Gemeinde Rio Chico: „Anfangs haben die Kolumbianer die Flöße der Händler überfallen und ihnen alle Waren abgenommen. Als sie später auch die Boote der Familien angriffen, haben unsere Leute große Angst bekommen. Wir sind arm und müssen die Nahrung für unsere Kinder im Wald und auf den Feldern ernten. Aber wer überfallen wird, kommt mit leeren Händen nach Hause. Zuletzt sind sie auch in unser Dorf eingedrungen, zehn bewaffnete Männer. Sie haben jede Hütte durchsucht und alles mitgenommen."

Häufig erleben gerade die jungen Frauen die Überfälle als besonders traumatische Erfahrungen. Der Enberá Naiper Rosales erzählt: „Manchmal kommen Einheiten von vierzig, fünfzig bewaffneten Männern in ein Dorf. Sie plündern die Gebäude und verschleppen unsere Frauen. Später erzählen die Frauen nie, was man ihnen angetan hat. Sie haben Angst, daß ihre Familien sie zurückweisen könnten."

In Panama weiß niemand genau, welcher der kolumbianischen Kriegsparteien die Eindringlinge angehören. Clelia Mezúa hält es sogar für möglich, daß die panamaische Regierung bewußt nichts gegen die Grenzverletzungen unternimmt: „Wir vermuten, daß die Banditen ehemalige Angehörige der kolumbianischen Guerilla oder paramilitärischer Einheiten sind. Wenn die Situation nicht bald unter Kontrolle gebracht wird, werden viele unserer Leute in die Stadt abwandern. Ich halte es durchaus für denkbar, daß die Überfälle von der panamaischen Regierung bewußt gebilligt werden. Viele Politiker wollen, daß wir Enberá das Land verlassen, damit sich hier Holz- und Minenfirmen ansiedeln können."

Auch Arecio Valiente, Anwalt der Menschenrechtsorganisation CEALP, vermutet, daß die Politiker in Panama-Stadt kein großes Interesse daran haben, die Enberábevölkerung im Darién zu unterstüt-

zen: „Angeblich hat die panamaische Grenzpolizei gemeinsam mit der kolumbianischen Armee mehrere Razzien durchgeführt. Bisher jedoch ist kein einziges Bandenmitglied festgenommen worden." Der Kommandant der Grenzpolizei von Yavisa, Major Escobar, bestreitet nicht, daß die Überfälle der Kolumbianer weit weniger bedrohlich für seine Leute sind als die schwierigen Bedingungen im Dschungel: „Wir haben noch keinen einzigen Polizisten bei einem Schußwechsel verloren. Es sind aber schon einige ertrunken, weil sie nicht schwimmen konnten."

Auf der kolumbianischen Seite des Grenzgebiets hat der Krieg sehr viel mehr Opfer gefordert. In mehreren Urwaldgemeinden hat die Armee blutige Massaker angerichtet, um die Bewohner für ihre angebliche Unterstützung der Guerilla zu bestrafen. Die dadurch ausgelösten Flüchtlingsströme haben die Zusammensetzung der Bevölkerung der panamaischen Provinz Darién merklich verändert. Der Anthropologe Stanley Heckadon meint: „Unser Grenzgebiet ist zu einem Refugium für Flüchtlinge geworden, die früher in Kolumbien zwischen den Fronten der Drogenhändler, der Guerilla und der paramilitärischen Gruppen gelebt haben. Ein Teil dieser Zivilbevölkerung flüchtet in die kolumbianischen Städte, andere überqueren die Grenze nach Panama."

Die meisten Politiker in Panama-Stadt interessieren sich nur wenig für die schwierigen Lebensumstände der Bevölkerung des Darién. Dort hoffen die Menschen mehr auf Fortschritte bei den Friedensverhandlungen der kolumbianischen Kriegsparteien als auf eine ernsthafte Unterstützung durch ihre eigene Regierung.

An der Grenze zur westlichen Zivilisation

Das grüne Meer aus Sümpfen und Baumriesen des Darién ist die letzte Front der Kolonisierung Panamas. Paradoxerweise haben die spanischen Eroberer hier Anfang des sechzehnten Jahrhunderts das erste Bistum auf dem amerikanischen Festland gegründet. Seither hat die katholische Kirche immer neue Versuche unternommen, das Volk der Enberá zu christianisieren. Doch deren traditionelle religiöse Überzeugungen haben bis heute überlebt. Die Katholikin Elsa Hil aus der Enberágemeinde Rio Chico erklärt: „Viele von uns sind zwar Christen, aber der Katholizismus ist nicht unsere eigentliche Religion. Die Katholiken haben ihre Bibel und wir haben unsere. Unsere Bibel sind die Erinnerungen der Alten und Greise. Früher, als wir nicht schreiben konnten, haben unsere Ältesten jeden Morgen ihre Rituale durchgeführt und die Kinder unterrichtet. Ihre Weisheit ist unsere Bibel, unsere Religion."

Die politischen Vertreterinnen und Vertreter der Enberá werden auf Generalversammlungen gewählt, an denen alle Erwachsenen teilnehmen können. Daß bei den letzten Wahlen mit Clelia Mezúa eine Frau zur Präsidentin des Kongresses gewählt worden ist, ist keineswegs selbstverständlich. In ihrem Amt muß sie sich nicht nur gegen die Einflußnahme der nationalen Regierung zur Wehr setzen, sondern auch gegen den Machismo vieler Enberámänner. Elsa Hil kann sich noch gut an die Zeiten erinnern, als keine Frau den Mut hatte, bei einer Vollversammlung ihre Meinung zu sagen: „Früher glaubten wir Frauen selbst, wir könnten nur im Haushalt arbeiten. Doch im Kampf um unsere Landrechte haben wir erkannt, daß auch der Beitrag der Frauen wichtig ist. Wenn wir bei der Maisernte an der Seite der Männer arbeiten können, wieso dann nicht auch in der Politik?"

In einigen Lebensbereichen sind die Enberáfrauen schon seit Generationen bemerkenswert eigenständig. Zum Beispiel kommen sie bei der Geburt eines Kindes völlig allein zurecht. Die Missionarin Lorena Alfaro berichtet: „Die Frau wird nur bei ihrer ersten Geburt von der Mutter oder einer Großmutter begleitet. Sie nimmt das Kind selbst entgegen, wäscht es im Fluß und zerschneidet die Nabelschnur.

Wenn sie später weitere Kinder bekommt, geht sie ohne Begleitung in den Wald. Sobald die Wehen einsetzen, entfernt sie sich still und bringt das Kind allein zur Welt."

Elsa Hil ist stolz darauf, daß ihr Volk seine ursprünglichen Traditionen bewahrt und sich erfolgreich organisiert hat. Dieser Zusammenhalt stärkt die Enberá in ihren alltäglichen Auseinandersetzungen mit dem Rassismus, dem sie ständig begegnen. „Viele Leute nennen uns abfällig ‚Indios'", sagt Elsa Hill: „Aber wir sind keine Indios. Wir sind Enberá."

Clelia Mezúa, die Präsidentin der Enberá, hält die Pflege der ursprünglichen Traditionen ihres Volkes für eine wichtige Voraussetzung für die Bewahrung des tropischen Regenwalds: „Dort, wo die indigene Waldbevölkerung lebt, sind die Tropen am gesündesten. In den Territorien der Enberá findet sich die größte biologische Vielfalt Panamas. Doch jedes neue Entwicklungsprojekt, das die Regierung für den Darién entwirft, ohne uns nach unserer Meinung zu fragen, gefährdet den Dschungel." Clelia Mezúa befürchtet, daß das Vordringen der westlichen Zivilisation in den panamaischen Urwald die Lebensweise der Enberá zerstören könnte: „Die fremden Ideen gefährden die Kultur meines Volkes. Der Urwald hat nur dann eine Zukunft, wenn wir die Möglichkeit bekommen, uns eigenständig zu entwickeln."

Während der vergangenen zehn Jahre wurden entlang der Panamericana fünfzehn Prozent des Baumbestandes des Darién abgeholzt. Ein Fertigstellung der Straße würde die Entwaldung weiter vorantreiben. Bisher hat der Urwald das Vordringen des Menschen noch nirgendwo endgültig verhindern können. So ist es wahrscheinlich, daß das einundzwanzigste Jahrhundert den Durchbruch der Panamericana bis nach Kolumbien erleben wird und damit die Erfüllung des alten Traums eines Landwegs zwischen Nord- und Südamerika.

ADRESSEN

ACADEMIA GUATEMALTECA DE ESPAÑOL, c/o Silvia Soch-Hurtado, 24 Ave. „A" 1-39, Zona 3, Quetzaltenango, Tel.: 00502 / 7677469, e-mail: ajis8@hotmail.com (Seite 33)

AMNESTY INTERNATIONAL, Sektion der Bundesrepublik Deutschland, 53108 Bonn (Seite 126)

ARBEITSGEMEINSCHAFT REGENWALD UND ARTENSCHUTZ, Klasingstraße 17, 33602 Bielefeld (Seite 141)

BANANENKAMPAGNE, Langgasse 41, 63571 Gelnhausen (Seite 150)

BROT FÜR DIE WELT, Stafflenbergstraße 76, 70184 Stuttgart (Seite 150)

BUKO, Agrarkoordination, Nernstweg 32-34, 22765 Hamburg (Seite 163)

CASA ALIANZA, Bismarckstraße 57, 53604 Bad Honnef (Seite 33)

CHRISTLICHE INITIATIVE ROMERO, Kardinal-von-Galen-Ring 45, 48149 Münster (Seite 88)

DRITTE WELT HAUS, August-Bebel-Straße 62, 33602 Bielefeld (Seite 78)

EDCS-WESTDEUTSCHER FÖRDERKREIS, Adenauerallee 17, 53113 Bonn (Seite 163)

EIRENE, Engerserstr. 74 b, 56503 Neuwied (Seite 119)

EL PUENTE, Bischofskamp 24 a, 31137 Hildesheim (Seite 99)

¡FIJATE! c/o Version, Vor den Siebenburgen 32, 50676 Köln (Seite 44)

GEPA, Talstraße 20, 58332 Schwelm (Seite 53)

GESELLSCHAFT FÜR BEDROHTE VÖLKER, Postfach 2024, 37010 Göttingen (Seite 172)

ILA, Oscar-Romero-Haus, Heerstr. 205, 53111 Bonn (Seite 64)

INFORMATIONSBÜRO NICARAGUA, Postfach 101320, 42013 Wuppertal (Seite 126)

INFORMATIONSSTELLE EL SALVADOR, Oscar-Romero-Haus, Heerstraße 205, 53111 Bonn (Seite 88)

INFORMATIONSSTELLE GUATEMALA, Oscar-Romero-Haus, Heerstraße 205, 53111 Bonn (Seite 44)

LATEINAMERIKANACHRICHTEN, im Mehringhof, Gneisenaustraße 2, 10961 Berlin (Seite 64)

MEDICO INTERNATIONAL, Obermainanlage 7, 60314 Frankfurt a.M. (Seite 106)

MISEREOR, Mozartstraße 9, 52064 Aachen (Seite 106)

RECHTSHILFEFOND, Oscar-Romero-Haus, Heerstraße 205, 53111 Bonn (Seite 78)

TERRE DES HOMMES, Postfach 4126, 49031 Osnabrück (Seite 119)

TRANSFAIR, Remigiusstraße 21, 50937 Köln (Seite 53)

SÜDWIND, Lindenstr. 58-60, 53721 Siegburg (Seite 99)

SERVICE CIVIL INTERNATIONAL, Blücherstraße 14, 53115 Bonn (Seite 172)

WELTHUNGERHILFE, Adenauerallee 134, 53113 Bonn (Seite 141)

Über den Autor

„Kaleidoskop Mittelamerika" ist nach „Betr. Amerika" (Horlemann 1992) und „Kampf der Kleinsten" (Horlemann 1996) das dritte Buch von Andreas Boueke, geb. 1968, Diplomsoziologe. Der Autor wurde 1998 vom Bundespräsidenten mit einem Journalistenpreis Entwicklungspolitik ausgezeichnet. Er berichtet seit sieben Jahren für zahlreiche Zeitungen, Hörfunk- und Fernsehsender aus Mittelamerika.